열두 살
실험경제반 아이들

일러두기

1. 이 책은 경제 원리 및 무역 개념을 쉽게 이해할 수 있도록 '금교잇'의 실제 경제 활동을 재미있는 이야기로 각색했습니다.
2. 본문에 나오는 경제 개념은 이해를 돕기 위해 초등학생 눈높이에 맞춰 단순화했습니다.

전 세계 1%를 꿈꾸는 아이들의 특별한 경제·금융 수업

열두 살
실험경제반 아이들

김나영·천상희 지음

Little A

 프롤로그

'금교잇'의 세상 속으로

"뉴스에서 수출, 무역, 환율 같은 얘기가 나와도 별 관심 없었거든요. 그런데 금교잇 활동을 하고부터는 관심도 생기고 무슨 말인지 이해가 되더라고요. 진짜 놀랍고도 좋았어요!"

"제 꿈은 돈 많이 버는 직장인이었는데 이제는 바뀌었어요. 창업할 거예요. 이왕이면 다른 나라 사람들한테까지 영향을 미치는 제품이나 서비스를 만드는 멋진 기업의 CEO가 될 거예요."

"다른 지역의 초등학교 친구들이 만든 상품을 수입하고, 우리가 만든 상품을 수출하니까 너무 신기하고 재미있었어요."

초등학교 학생들이 직접 사업도 하고 무역도 한다?!

전혀 생각지도 못한 일일 거예요. 무역은 어른들이나, 국가와 기업들이나 하는 거라고 생각할 테니까요. '무역 분쟁이 났다.'는 뉴스를 봐도 상관없는 이야기라고 느꼈을 거예요.

하지만 오늘 아침부터 지금까지 한 행동, 먹은 것, 머리끝부터 발끝까지 여러분이 입고 있는 것 들을 곰곰이 떠올려 보세요.

옷과 신발, 모자의 생산지를 확인해 볼까요? 조금 전에 먹은 음식의 산지도 따져 볼까요? 우리나라에서 만든 제품도 있지만, 외국에서 만든 제품들도 있을 거예요. 그것들은 어떻게 우리 앞에까지 왔을까요? 그 해답은 바로 무역에 있습니다.

이처럼 여러분의 일거수일투족, 하루 24시간은 빼곡하게 무역으로 채워져 있습니다. 직접 무역의 최전선에 서 있지 않아서 잘 모를 뿐이지, 우리도 분명 무역을 하고 있습니다. 그렇다면 무역이 무엇인지 제대로 알 필요가 있지 않을까요?

앞에서 소감을 남긴 친구들은 '도깨비 상점'이라는 교실 안 경제 활동의 경험과 지식을 가지고 '금교잇'이라는 교실 밖 경제 활동을 하고 있습니다.

아, 여기서 설명 하나! 금교잇은 '**금**융교육으로 **교**실을 **잇**다'의 줄임말로, 여러 학교의 선생님들이 모여서 만든 '초등학생들의 무역 활동'을 위한 체계입니다. 말하자면, 일종의 무역 버전 온라인 보드게임 같은 거예요. '카탄'이나 '스플렌더' 같은 보드게임은 간접적으로 경제 원리(거래)를 알려 준다면, '금교잇'은 직접적으로 경제 원리(국경을 넘는 거래, 무역)를 경험하고 깨우치게 해 주는 거죠.

금교잇에서는 학생들이 직접 상품을 계획하고 생산하고 홍보하고 거래합니다. 학생들이니까 대충하는 게 아닌가 싶겠지만, 절대 아닙니다. 국가와 기업들이 하는 무역과 똑같은 활동이 금교잇에서 이루어집니다.

이 과정에서 자연스레 터득한 경제 개념은 더욱 다양한 경제 활동으로 이어지고, 규제와 간섭의 틀을 뛰어넘는 환상적인 아이디어들로 터져 나옵니다. 더불어 금교잇 활동을 통해 다양한 친구들과 교감하고 연대하게 됩니다. 나의 이익과 친구의 이익, 나의 손해와 친구의 손해를 통해 기쁨과 어려움을 나누는 성숙한 시민 의식도 함께 배우게 되죠. 이를 바탕으로 학생들은 자연스레 건강한 세계시민으로 성장합니다.

이 책에는 다년간 '금교잇' 무역 활동에 참여한 전국의 초등학교 310여 개 학급 학생들의 경험담 그리고 15년간 최상위 학생들을 배출한 중학교 스타 동아리 '실험경제반'의 글로벌 경제 레슨을 모두 담았습니다. 이를 통해 여러분도 창업과 마케팅, 수출과 수입, 환율 등 어려운 경제 개념들을 이야기로 쉽게 이해하고, 무역 분쟁 및 협상에도 간접적으로 참여할 수 있습니다. 그리고 책을 덮는 순간, 더 크고 구체적인 미래를 꿈꾸게 될 거예요!

그럼, 지금부터 전국의 초등학교 학생들과 함께 글로벌 경제 활동, 금교잇 무역을 시작해 볼까요?

김나영·천상희

열두 살 실험경제반 아이들을 소개합니다!

환타국

달구쌤 도깨비 상점부터 금교잇 활동까지, 환타국 아이들의 무역 활동을 다방면에서 지원하고 있다. 장난기 많고 다정하다.

지훈 호기심이 많고 아이디어가 참신하다. 사회성이 좋아 친구들을 잘 통솔하며 추진력이 있다. 사업에 대한 열의가 많고 무역왕을 꿈꾼다.

민혁 관심사가 많은 만큼 재주도 많다. 특히 새로운 프로그램과 앱을 잘 다룬다. 셈이 빠르고, 손해 보는 걸 싫어한다. 그래서 간혹 이기적이라는 말을 듣는다.

가윤 똑똑하고 논리적인 데다 말솜씨도 뛰어나다. 서두르는 법 없이 침착하다. 골치 아픈 일은 피하고 싶지만, 민혁이 때문에 쉽지 않다.

슬아 긍정적이고 성실하며 책임감이 강하다. 반장으로서 뛰어난 리더십을 발휘하여 교실 분위기를 항상 밝게 만든다.

감사국

 나영쌤

감사국 아이들의 무역 활동을 지도하며, 2009년부터 경제 공부 동아리인 '실험경제반'을 이끌고 있는 베테랑 경제 교육자다. 아이들의 다양한 의견을 열린 시선으로 바라보고 존중한다.

 여경

매사 적극적이며, 야무지고 강단이 있다. 탁월한 사교성으로 친구들과 끈끈한 우정을 나누고 있다. 불의를 참지 못하는 정의의 수호자다.

 준우

상황 파악 능력이 뛰어나며, 성실하고 우직하다. 주변 친구들을 묵묵히 잘 챙기는 성격으로, 도움이 필요한 친구가 보이면 그냥 넘어가는 법이 없다.

누리국

 정의쌤

누리국 아이들의 무역 활동을 지원하며, 금교잇에서 발생하는 다양한 문제들을 중재하고 해결한다. 새로운 변화를 적극 수용하며, 늘 균형을 유지하려고 노력한다.

 수진

부지런하고 꼼꼼하다. 책임감이 강하고, 차분하게 맡은 일을 처리한다. 갈등이 생기면 슬기롭게 상황을 분석하고 해결해서 별명이 '똑똑이 솔로몬'이다.

 **목차**

프롤로그 '금교앗'의 세상 속으로 • 4

열두 살 실험경제반 아이들을 소개합니다! • 8

'금교앗' 무역 주간 참여국을 소개합니다! • 14

1. 준비, 무역 주간!

다른 나라와 무역을 한다고?! • 19 | 글로벌 마켓에는 갖고 싶은 게 한가득! • 24 | 무역의 기초 • 29 | 무역의 기준 화폐, 달러와 잇다 • 31

궁금해요, 나영쌤 ① 무역의 필요성과 역사 • 37

2. 지훈, 무역왕을 꿈꾸다!

실패는 나의 힘 • 41 | 사업은 차가운 머리와 뜨거운 가슴으로! • 43 | 내 사업의 동업자, 너로 정했다! • 47 | 기적의 논리 • 50

궁금해요, 나영쌤 ② 사업에 필요한 셈법 • 53

3. 사업에도 준비가 필요해

오늘도 무역! • 57 | 세 명의 창업 어벤저스, 어셈블! • 60 |
창업 어벤저스의 사업 설명회 • 68 | 추리왕 코단 랜덤 박스 완성! • 72

궁금해요, 나영쌤 ③ 창업을 위한 준비 • 77

4. 본격적인 무역 준비에 들어가다

환전? 바꿔, 바꿔! • 81 | 똑같은 햄버거, 다른 가격 • 84 | 변덕스런 환율 • 89 |
랜덤 박스의 가격은 '잇다'로 얼마지? • 94

궁금해요, 나영쌤 ④ 화폐와 환율 • 98

5. 기축통화국만 이득 아닌가요?

우리가 너무 불리해! • 103 | 정의의 사도, 불공평을 문제 삼다 • 104 |
누리국이 기축통화국이 된 이유 • 107 | 기축통화국, 꼭 좋은 건 아니야 • 111

궁금해요, 나영쌤 ⑤ 기축통화국의 딜레마 • 116

6. 모두를 사로잡는 홍보물을 만들자

홍보는 정말 중요해! • 121 | 잘 알려야 잘 팔린다 • 123 |
홍보물 제작 천재의 활약 • 127 | 잠깐, 환율이 변했어요! • 130 |
무역 전쟁 속으로! • 133

궁금해요, 나영쌤 ⑥ 상품 판매와 마케팅 • 136

7. 드디어 시작된 무역 주간!

이제부터 시작이야 • 141 | 두근두근, 첫 주문! • 142 |
수출을 많이 해야 이득? • 146 | 수입하는 재미에 푹 빠지다 • 150

궁금해요, 나영쌤 ⑦ 수출과 수입의 균형 • 157

8. 감사국, 무역으로 손해를 보다

땅 파서 장사하는 것도 아니고 • 161 | 팔면 팔수록 손해 • 163 |
환타국 열쇠고리 가격의 비밀 • 166 | 환율 피해를 조사하다 • 170

궁금해요, 나영쌤 ⑧ 환율이 수출과 수입에 미치는 영향 • 177

9. 띵동, 무역 분쟁이 발생했습니다!

삐용삐용, 감사국의 SOS • 181 | 환타국, 무역 협상을 준비하다 • 185 |

`궁금해요, 나영쌤 ⑨` 무역 분쟁의 역사 • 190

10. 두둥, 불타는 무역 협상

시작된 무역 협상! • 197 | 환타국 캔의 가치를 높이라고? • 202 |
협상 타결을 향한 숨 고르기 • 206 | 양보의 한 걸음 • 208 |
극적인 협상 타결! • 211

`궁금해요, 나영쌤 ⑩` 자유 무역과 보호 무역 • 217

11. 무역의 성과

무역 협상이 끝나고 • 221 | 두근두근, 언박싱! • 222 | 마침내 정산 시간! • 226
| 새로운 도전, 콘텐츠 마켓 • 232

`달구쌤의 이야기` Next Step, 콘텐츠 마켓 • 237

에필로그 더 거대하고 재미난 콘텐츠 마켓 속으로 • 239

◉ '금교잇' 무역 주간 참여국을 소개합니다!

- ◆ 화폐 단위: 캔
- ◆ 담임: 달구쌤 ◆ 반장: 슬아
- ◆ 호기심이 많고 열정적인 환타국 친구들은 '도깨비 상점'을 운영 중입니다. 도깨비 상점에서는 철's 만화방, 다만들어줌, 토탈 비서 서비스 등 다양한 업체들이 물품과 서비스를 거래하고 있어요. 다른 나라와의 무역은 처음이라 걱정 반, 설렘 반이에요.

- ◆ 환타국 급여 체계
  ① 기본급: 매주 500캔
  　'학생'이라는 직업 활동을 열심히 했으니 기본급을 드려요.
  ② 소득세: 매주 200캔
  　세금 납부는 국민의 의무입니다!

관련 교육 과정

초등학교
- **사회** 4학년 2학기 2. 필요한 것의 생산과 교환
- **사회** 6학년 1학기 2. 우리나라의 경제 발전

중학교
- **사회2** 8. 경제 생활과 선택
- **사회2** 10. 국민 경제와 국제 거래

귀띔 무역 용어

- **상품:** 사고파는 물건
- **무역:** 한 나라가 다른 나라와 상품을 사고팔거나 교환하는 활동
- **사업계획서:** 사업의 내용을 계획하거나 정리한 문서
- **통화:** 지급 수단 및 유통 수단의 기능을 가진 지폐와 주화로, 한 국가의 중앙은행이나 정부에서 발행
- **결제 통화:** 무역의 결제에 쓰이는 통화
- **환전:** 종류가 다른 화폐를 서로 교환하는 일
- **환율:** 한 나라의 화폐와 다른 나라 화폐의 교환 비율
- **국제 결제 통화:** 무역을 할 때 결제에 사용하는 통화

🌐 다른 나라와 무역을 한다고?!

환타국 학생들은 모두 사업 활동에 능숙했다. 쉬는 시간을 알리는 종이 울리면, 사업체를 운영하는 학생들은 누가 시키지 않아도 '도깨비 상점'을 열고 손수 만든 **상품**을 판매하기 위해 열심이었다.

"김민혁! '명탐정 코난' 다 봤으면 빨리 가지고 와."
"아직 덜 읽었어. 조금만 더 기다려."

철수는 퉁명스러운 민혁이의 말투가 영 거슬렸다. 그도 그럴 것이, 어제였던 반납일을 하루 더 연장해 줬는데도 미안한 기색 없이 오히려 큰소리를 쳤기 때문이다. 후우, 만화책 대여 사업은 정말 만만치 않았다.

처음 사업을 시작할 때는 집에 있는 만화책을 가져와 학급 화폐를 받고 빌려줬다가 회수하면 된다고 생각했다. 그런데 막상 해 보니 일이 많아도 너무 많았다! 일단 친구들에게 만화책을 빌

려준 뒤 대여 기간을 꼼꼼하게 확인해 두었다가 끝나면 돌려받는 건 기본인 데다, 예약을 받아 둔 뒤 순서대로 대여도 해 줘야 했다.

점심시간의 끝을 알리는 종소리와 함께 도깨비 상점에 휴점 시간이 찾아왔다. 아이들은 못내 아쉬웠다. 머릿속에 사업 생각이 가득하니 종소리가 얄궂게 느껴질 수밖에!

그래도 수업 시작 종소리가 들리면 반드시 휴점해야만 했다. 만약 이 규칙을 어기면 '영업 정지'라는 어마어마한 벌칙을 받았기 때문이다.

5교시, 달구쌤이 평소와 다르게 살짝 뜸을 들이다가 입을 뗐다.

"한 가지 알려 줄 게 있어."

"뭐예요?"

"새로운 활동이라도 하나요?"

지훈이가 손을 번쩍 들고 말했다.

"뭘까요? 부동산?"

"혹시 국어 말고…… 체육 하나요?"

아이들의 다양한 반응을 살피던 달구쌤이 가볍게 미소지었다.

"맞아, 새로운 활동! 다른 학교와 **무역**을 해 보면 어떨까?"

아이들은 달구쌤의 말이 끝나기가 무섭게 다양한 반응을 쏟아 냈다.

"네? 무역이라고요?"

"우와! 정말요?"

슬아가 흥미진진한 표정으로 눈을 반짝였다.

"그러면 다른 학교 친구들이 만든 걸 우리가 살 수 있는 거예요?"

"우리 상품을 팔 수도 있고요?"

"당연하지!"

달구쌤의 대답을 듣자마자 아이들이 큰소리로 감탄사를 내뱉었다.

"우와!"

태희가 눈을 동그랗게 뜨며 질문했다.

"그럼 상품은 어떻게 전해 줘요? 우리가 직접 하나요?"

"우리가 직접 전해 주면 참 좋겠지만, 사정이 만만치 않단다. 멀리 떨어져 있는 학교엔 아무래도 직접 상품을 전해 주기 힘들잖니? 그래서 택배 서비스를 이용할 거야. 다른 학교 아이들이 만든 상품을 주문해도 택배로 받을 거야."

"쌤, 상품을 어떻게 보고 주문해요?"

민혁이가 재빨리 대답했다.

"야, 사진을 찍어서 보내면 되지!"

"우리는 온라인 몰을 이용해서 상품을 판매할 거란다."

"네? 온라인 몰이요?"

달구쌤은 기다렸다는 듯이 태블릿 PC로 '글로벌 마켓'이라고 쓰인 사이트를 보여 주었다.

"우와, 글로벌 마켓이래!"

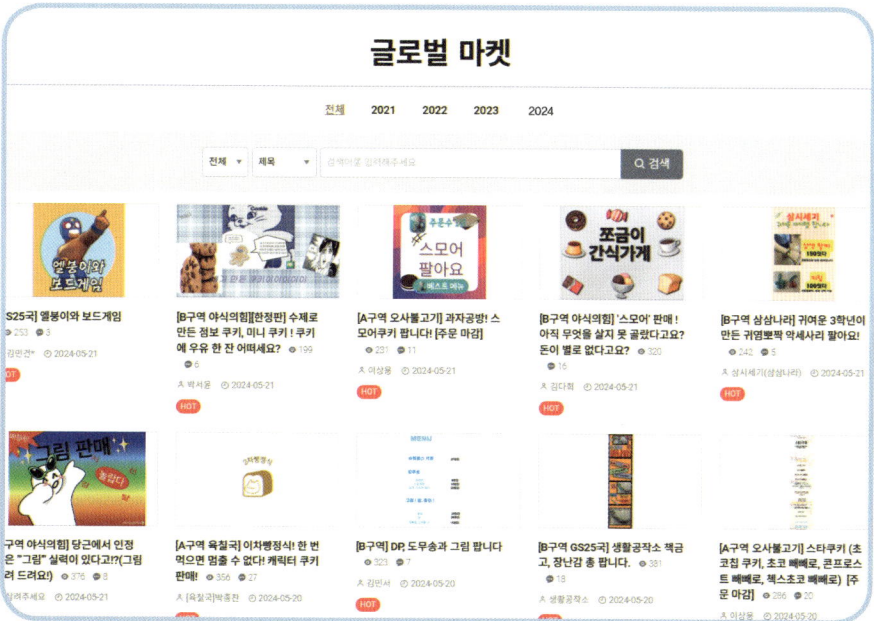

"쌤, 다른 학교 아이들이 만든 상품들을 우리가 주문할 수 있다고 하셨죠?"

"맞아! 우리뿐 아니라 다른 학교 아이들도 글로벌 마켓에 상품 사진을 올리고 판매할 거야."

글로벌 마켓에는 갖고 싶은 게 한가득!

달구쌤이 던진 '무역'과 '글로벌 마켓'이란 단어를 들은 뒤로 아이들의 머릿속에서는 근사하고 다양한 장면들이 떠올랐다. 세계적으로 유명한 사업가가 된 모습, 외국에 자신이 만든 제품을 파는 늠름한 모습, 다른 학교 아이들이 만든 다양한 상품들을 받고 즐거워하는 모습 등 세상 제일 멋진 모습들이 상상되었다.

"쌤, 그런데 글로벌 마켓은 누가 만든 거예요?"
"야, 누구긴 누구겠냐? 쌤이겠지!"
"사랑해요, 쌤!"
달구쌤이 큼큼, 헛기침을 하며 고개를 살짝 저었다.
"쌤 혼자가 아니라 여러 쌤들과 함께 만든 거야. 글로벌 마켓

사이트의 이름은 바로 '금교잇'!"

"금교잇?"

"금교잇? 설마 금으로 교실을…….''

"……잇는다?"

"오~ 아주 비슷해! 대단한걸?"

달구쌤이 양쪽 엄지손가락을 번쩍 들었다.

"금교잇은 바로 '금융교육으로 교실을 잇다'를 줄인 말이야.''

지훈이가 책상을 가볍게 치며 크, 소리를 냈다.

"아깝다!"

"쌤, 벌써 많은 상품들이 올라와 있어요!"

"그럼 다 함께 사이트를 살펴보자.''

달구쌤과 환타국 아이들은 글로벌 마켓을 찬찬히 살폈다. 열쇠고리, 초콜릿, 직접 만든 보드게임과 디지털 그림, 쿠키와 빼빼로, 랜덤 박스 등 없는 게 없는 만물상점 같았다.

"오, 저 열쇠고리 완전 마음에 들어요! 당장 주문!"

"안타깝게도 이건 지금 중학교에 간 형님들이 작년에 만든 거란다.''

달구쌤의 말에 아이들이 아쉬움의 한숨을 내쉬었다.

"아, 사고 싶었는데…….''

"나도! 곰돌이 비즈 너무 귀여워서 당장 결제할 뻔했잖아."

"나는 간식 랜덤 박스! 박스 안에 뭐가 들어 있는지 너무너무 궁금해."

여기저기서 상품을 사고 싶다고 웅성거리는 아이들을 보며 달구쌤이 웃었다.

"나한테 없는 물건들을 보니까 사고 싶지? 그게 바로 무역의 시작이란다."

"무역이요? 저는 그냥 탐나서 한 말인데……."

철수가 어리둥절한 표정으로 말끝을 흐리자 달구쌤이 웃음기 머금은 목소리로 답했다.

"무역은, 특히 국제 무역은 나라끼리 물건을 사고파는 거란다. 여기서 질문! 이미 우리나라에 있는 물건인데 굳이 다른 나라에서 사 오고 싶을까?"

"아뇨? 있는데 왜 사요?"

"딱히 그럴 필요 없잖아요."

"맞아, 맞아!"

아이들을 둘러보던 가윤이가 손을 번쩍 들고 말했다.

"사 올 것 같아요. 우리나라에 있더라도 다른 나라에서 싸게 팔면 그 물건을 사 오는 게 더 이득이니까요."

"맞아, 바로 그거야! 내가 가지지 못한 것을 사거나 좀 더 저렴하게 파는 것을 사고. 내가 가지고 있는 것을 팔거나 좀 더 싸게 만들어서 파는 과정에서 무역이 시작되었지."

"그런데요, 쌤, 저는 다른 나라 말고 우리나라에도 갖고 싶은 물건들이 엄청 많단 말이죠. 쇼핑몰에만 들어가도 갖고 싶거나 필요한 물건들이 다 있거든요. 돈이 없어서 못 사는 거예요. 특히 나이키 운동화 같은 거요."

민혁이가 불퉁하게 말하자 반장인 슬아가 톡 쏘아댔다.

"다른 나라에서 가져온 물건을 쇼핑몰에서 파는 거야. 네가 갖고 싶다는 나이키도 미국 브랜드라고!"

갑작스러운 지적에 민혁이의 표정이 굳자 얼른 달구쌤이 중재에 나섰다.

"슬아 말이 맞아. 우리는 이미 무역의 결과물을 소비하고 있어서 잘 몰랐던 거란다. 예를 들어 볼까? 오늘 점심 급식에 나온 파인애플은 태국에서 사 온 거야. 우리나라에서는 열대 과일인 파

인애플이 잘 자라지 않거든."

"그럼 우리나라는 뭘 팔아요? 설마 다른 나라에서 사 오기만 하는 건 아니죠?"

"당연히 좋은 상품들을 팔고 있지! 비록 자원은 적지만 기술력이 뛰어나서 자동차나 배를 잘 만들거든. 그래서 전 세계에서 주문이 밀려든단다."

철수가 가슴을 쭉 펴고 어깨를 으쓱거렸다.

"오, 폼 나네요!"

무역의 기초

"그래서 이제부터 무역을 시작할까 해. 우리는 환타국 국민으로서 사고 싶은 물건, 팔고 싶은 물건을 가지고 다른 나라와 교류하게 될 거야. 그러니까 환타국에 없는 물건을 다른 나라에서 사오고, 다른 나라 친구들이 탐낼 만한 멋진 물건을 만들어서 파는 거지."

아이들의 눈에 생기가 돌았다. 사실 그동안 학급 안에서 비슷한 물건만 사고팔았던 터라 새로운 물건을 사고 싶은 마음, 인기 많은 물건을 다른 나라에 팔고 싶은 마음이 커졌다. 아이들은 머릿속으로 도깨비 상점에서 거래되는 상품들과 글로벌 마켓에 있는 상품들을 열심히 비교하며 살펴보았다.

"무역을 해 보고 싶은 사람?"

"저요!"

"저도요!"

아이들은 여기저기서 손을 번쩍 들고 자리에서 벌떡 일어서며 엄청난 호응을 보였다.

"저는 벌써 어떤 걸 팔지 정했어요!"

"온라인 쇼핑몰처럼 하면 되는 거죠? 쌤, 얼른 사이트를 열어 주세요!"

"얘들아, 쌤도 빨리 열어 주고 싶어. 그런데 환타국만 참여하는 게 아니라서 이래저래 준비할 게 많단다. 나라들마다 준비해야 할 것들이 있고, 우리가 준비해야 할 것들도 있어. 규칙도 정해야 하고."

태희가 살짝 당황한 얼굴로 물었다.

"준비요? 이미 상품을 만들고 팔아 봐서 다 아는데……."

"우리가 도깨비 상점을 열면서 맨 처음에 했던 게 뭐였는지 기억나니?"

달구쌤의 질문에 슬아가 재빨리 대답했다.

"네! 제일 먼저 **사업계획서**부터 썼어요."

"맞아. 이번에도 사업계획서를 제일 먼저 써야 해."

"사업계획서를 또 써요?"

"에휴~."

아이들이 한숨과 함께 나지막이 수런대며 사업계획서 활동의 기억을 떠올렸다.

"그래도 지난번에 써 봐서 이번엔 수월할걸? 쌤을 믿어 봐!"

무역의 기준 화폐, 달러와 있다

"쌤, 질문이 있어요! 상품 가격은 어떻게 해요? 글로벌 마켓을 살펴보니까 다른 나라들은 환타국 '캔'이 아닌 다른 돈을 쓰던데요?"

달구쌤은 지훈이의 질문에 대답 대신 질문을 던졌다.

"그게 좀 문제지? 어떻게 해야 그 문제를 해결할 수 있을까?"

교실 안에 잠시 정적이 흐른 뒤, 가윤이가 작은 소리로 대답했다.

"달러?"

달구쌤은 한 손으로 턱을 짚으며 눈을 가늘게 떴다.

"가윤아, 왜 달러라고 대답했는지 조금 더 자세히 설명해 줄래?"

"사회 시간에 배웠잖아요. 국제 무역을 할 때는 달러를 사용한다고."

가윤이의 말에 지훈이가 손바닥으로 이마를 가볍게 툭 치며 말했다.

"맞다! 국제 무역할 때 많은 나라에서 달러를 결제 **통화**로 사용하고 있어요."

고개를 살짝 갸웃하던 태희가 손을 번쩍 들고 질문했다.

"쌤, 왜 달러를 **결제 통화**로 사용해요? 달러는 미국 돈이잖아요."

"아주 좋은 질문인데? 해외여행을 가 본 친구들은 알겠지만, 우리나라 돈이랑 다른 나라 돈은 모양도 다르고, 크기도 다르고, 가치도 달라. 그래서 여행을 가기 전에 그 나라의 돈으로 미리 바꿔 둔 경험이 있을 거야."

철수가 엄지와 중지를 부딪혀 딱, 소리를 냈다.

"아하! 지난 방학 때 세부에 갔는데, 그때 은행에 가서 **환전**했어요."

"그런데 이때 마구잡이로 돈을 바꿔 줄 수 없잖니? 이런 경우를 대비해서 규칙을 정해 두는 거야. 이처럼 우리나라 돈을 다른 나라 돈으로 바꾸는 걸 환전이라고 해. 그리고 환전할 때 어떤 규칙으로 바꿀지를 나타내는 게 바로 **환율**이야."

"그런데요, 미국 말고 다른 나라랑 무역할 때는 달러가 필요 없지 않나요?"

"정말 그럴까? 다 같이 화면을 보자."

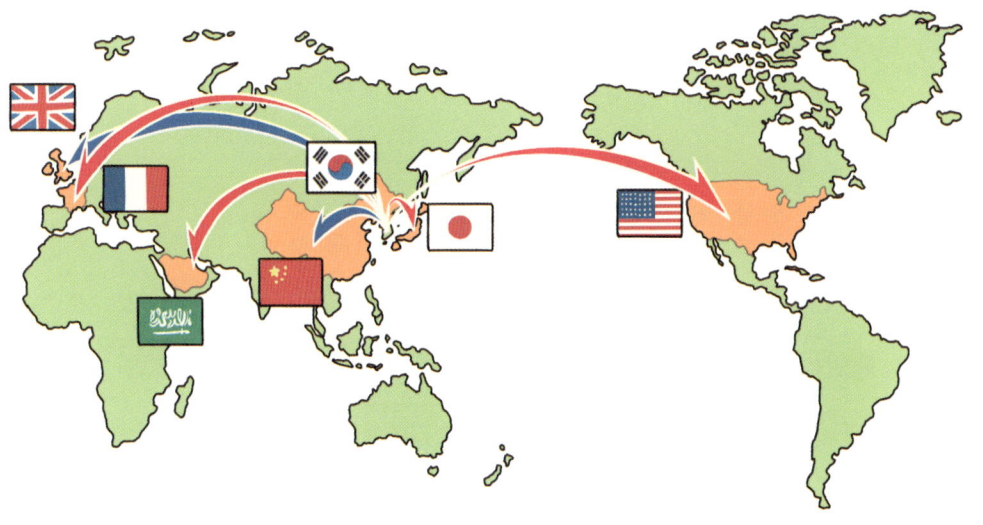

"우리나라는 다양한 나라들과 무역을 하고 있어. 그런데 무역 상대국에 맞춰 그 나라들의 돈을 다 가지고 있다고 생각해 봐. 다양한 돈을 가지고 있어야 하니까 꽤 번거로울 거야. 그에 반해 무역할 때 한 나라의 돈만 사용하기로 약속한다면 어떨 것 같니?"

"한 나라의 돈만 가지고 있어도 되니까 편할 것 같아요."

"계산도 간단해요."

"맞아, 아주 편하고 간단하고 효율적이지. 현재 전 세계는 미국 돈인 달러를 **국제 결제 통화**로 사용하고 있어. 그래서 다른 나라에서 상품을 수입할 때는 달러로 지급하고, 수출할 때는 달러로 받으면 돼."

민혁이가 살짝 못마땅한 표정으로 입술을 삐죽 내밀고 말했다.

"하필이면 왜 미국 돈이에요? 우리나라 돈이 국제 결제 통화면 좋을 텐데, 환전 안 해도 되고······."

"그거야 미국이 전 세계에서 제일 힘이 세잖아!"

철수의 말에 달구쌤은 낮게 흠, 소리를 내며 고개를 두어 번 끄덕였다.

"미국이 전 세계에서 가장 힘이 센 나라인 건 맞아. 하지만, 그보다 더 중요한 게 있단다. 바로 미국 경제가 다른 나라보다 크고 강하다는 점이야. 국제 결제 통화가 되려면 전 세계 사람들에게 '그 돈은 가치가 쉽게 떨어지지 않는다.'는 믿음을 줘야 하거든.

그런 점에서 미국은 강한 경제를 바탕으로 그런 믿음을 주는 나라야."

"미국 사람들은 좋겠다."

"완전 부럽다!"

"우리나라도 경제가 더 발전해서 국제 결제 통화가 되면 좋겠다!"

"그러게!"

아이들이 한목소리로 동의하며 웃음을 터트렸다.

"원활한 무역을 위해서는 달러 같은 국제 결제 통화가 필요하단다. 금교잇에서도 마찬가지로 국제 결제 통화가 필요하지. 그래서 모든 나라는 '잇다'로 가격을 표시하고, 잇다를 기준으로 각 나라의 돈을 비교해서 물건을 사고팔 거야."

"앗, 캔이 아니라 잇다네요."

"잇다는 어느 나라 화폐예요?"

"누리국 화폐란다."

태희가 억울하다는 듯 툴툴거렸다.

"왜 누리국 화폐를 써요? 미국도 아닌데!"

그러자 철수가 태희의 말에 동의하고 나섰다.

"금교잇에서 잇다를 쓰면 누리국만 유리한 거 아니에요? 가뜩이나 미국이 부러운데, 금교잇 활동에서까지 다른 나라 돈을 쓰니까 너무 억울해요!"

달구쌤이 아이들을 향해 알쏭달쏭한 표정을 지어 보이며 말했다.

"글쎄? 과연 누리국이 무조건 유리하기만 할까?"

"어~~~~엄~~~~청 유리할 것 같은데요?"

"진짜 유리한지 어떤지는 글로벌 마켓에 참여하면서 알아가 보자!"

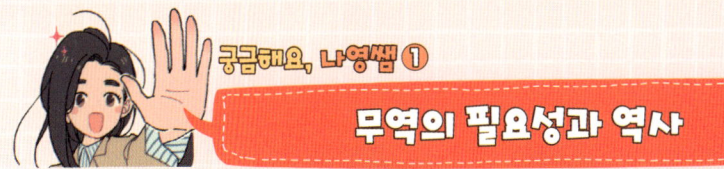

무역의 필요성과 역사

왜 무역을 할까요?

무역은 나라 간에 서로 상품을 사고파는 걸 말해요. 그리고 무역은 우리 생활과 매우 밀접하게 연결되어 있어요. 초등학교 6학년 채민이의 하루를 통해 알아볼까요?

> 겨울 방학을 마치고 등교하는 첫날, 채민이는 설레는 마음으로 아침 일찍 이탈리아에서 만든 침대에서 일어났어요. 깨끗하게 씻고 나온 채민이는 인도네시아에서 수입한 잠옷을 벗고 엄마가 며칠 전에 사다 주신 베트남산 외출복을 입었어요. 아침으로는 미국에서 생산된 오렌지주스를 마시고, 캐나다산 밀가루로 만든 빵을 먹었죠.
>
> 학교에 가려고 집을 나서는데 엄마가 비가 온다며 우산을 챙기라고 하셨어요. 작년에 편의점에서 샀던 우산은 중국에서 만든 거예요.
>
> 학교에 도착해 교실로 올라가려는데, 입구에 신문이 한가득 놓여 있었어요. 채민이는 〈금교잇 일보〉 한 부를 챙겨 교실로 갔죠. 신문은 캐나다에서 수입한 펄프로 만들어졌어요.

어때요? 여러분의 생활도 채민이와 비슷하지 않나요?

1. 준비, 무역 주간!

우리가 일상생활에 필요한 물건들을 얻으려면 많은 나라에 의존할 수밖에 없어요. 그래야 우리나라에 없는 자원을 이용해서 만든 상품과 서비스를 이용할 수 있거든요.

만약 우리나라의 바닷길과 하늘길이 모두 막혀서 외국과 거래할 수 없는 상황이라고 해 봐요. 우리나라에 있는 자원과 우리가 만든 제품만 사용할 수 있다면, 지금과 얼마나 다른 삶일지 생각해 보세요! 아마 선택의 폭이 훨씬 좁아지겠죠. 예를 들면, 우리나라에 없는 석유라는 자원으로 만든 생수병, 옷감, 인형 등의 제품들이 없어질 거예요. 끔찍하지 않나요? 우리는 무역을 통해 풍족한 생활을 할 수 있는 거랍니다.

무역은 언제 시작되었을까요?

무역은 나라 간에 물건을 교환하는 거잖아요. 그럼 교환의 시작은 언제였을까요? 아마 인류가 처음 생겼을 때부터일 거예요. 사냥하고, 열매를 따 먹던 시절에도 사람들은 자신이 남보다 잘하는 걸 교환했을 테니까요.

그게 점차 마을과 마을 사이의 교환으로, 국가와 국가 사이의 교환으로 확장된 거죠. 그러면서 전 세계는 하나의 마을처럼 연결된 '지구촌'이 되었어요. 국경을 넘어 세계 여러 나라의 상품을 소비하고 정보를 접하고 그 혜택을 누릴 수 있는 시대가 된 거예요.

관련 교육 과정

초등학교
- 사회 4학년 2학기 2. 필요한 것의 생산과 교환
- 사회 6학년 1학기 2. 우리나라의 경제 발전

중학교
- 사회2 8. 경제생활과 선택
- 사회2 9. 시장경제와 가격
- 사회2 10. 국민 경제와 국제 거래

귀띔 무역 용어

- **비용:** 물건을 사거나 만드는 데 든 금액
- **이윤:** 물건을 판 금액에서 만들 때 든 비용을 뺀 금액
- **매출:** 상품이나 서비스를 팔고 그 대가를 받아서 생긴 수익
- **매출액:** 매출을 통해 벌어들인 금액. 상품 가격에 판매량을 곱함

❓ 실패는 나의 힘

지훈이는 금교잇 활동에 참여하기 위해 다시 창업하기로 결심했다. 그러자 머릿속에 제일 먼저 이런 질문이 떠올랐다. '왜 시크릿 랜덤 박스 사업이 망했을까?'

지훈이는 그 해답을 찾기 위해 사업할 때 썼던 장부를 살펴보았다. 사실 환타국에서 사업을 하는 학생들이라면 무조건 지켜야 할 의무가 하나 있었다. 바로 영수증을 꼬박꼬박 발급하고, 장부에 꼼꼼하게 기록하는 일이었다.

달구쌤은 늘 '사업할 때는 얼마를 벌고 얼마를 썼는지 정확하게 기록하는 일이 제일 중요하다.'라고 말씀하셨다. 사업을 통해 발생한 이익(얼마나 벌고)과 **비용**(얼마나 썼는지)을 정확하게 알아야 사업을 계속할지 말지 결정할 수 있기 때문이다.

작성할 때는 매일 기록하는 게 귀찮고 힘들었는데, 찬찬히 장부를 들여다보고 있으려니 사업이 망한 이유를 알 것 같았다.

날짜	뽑기 한 사람	뽑기 횟수	번 돈	누적 매출
4/6	슬아	3	300캔	300캔
4/6	민혁	5	500캔	800캔
4/6	나연	2	200캔	1,000캔
~	~	~	~	~
4/12	태희	3	300캔	5,900캔
4/13	가윤	1	100캔	6,000캔

매출액(1주)	재료비	지훈, 동욱 임금	이윤
6,000캔	8,000캔	600캔	-2,600캔

일단 상품 자체는 좋았다. 사업을 시작하자마자 많은 손님이 몰려든 걸 보면 잘 팔리는 상품인 건 분명했다. 당시 쉬는 시간과 점심시간이면 친구들이 몰려드는 바람에 장부를 정리하기도 벅찼던 기억이 새록새록 떠올랐다.

잘나가는 만큼 캔도 많이 벌어서 친구들의 부러움을 잔뜩 샀다. 신난 마음에 장부의 글씨도 날아가는 것처럼 힘차게 펄럭였다.

그런데 딱 한 주가 지나자마자 글씨체부터 달라졌다. 글씨에도 표정이 있다면 시무룩한 게 느껴질 정도로 우그러들었고, 말줄임

표도 늘었다. 다른 친구들에 비해 두드러질 정도로 캔을 많이 벌었지만, 희한하게 늘 캔이 부족했기 때문이다.

아마 이때부터 지쳐간 듯했다. 쉬는 시간마다 부지런하게 움직여도 캔이 모이지 않으니까 더는 신나지도 않고, 재미도 없었다. 결국 오래 못 가서 사업을 접고 말았다.

❓ 사업은 차가운 머리와 뜨거운 가슴으로!

지훈이는 장부를 통해 확인한 '시크릿 랜덤 박스' 사업 실패 원인을 공책에 적어 보았다.

지훈이가 이전 사업을 통해 얻은 가장 값진 교훈은 계산 능력의 중요성이었다. 물건을 팔아 돈을 버는 일은 정말 중요하지만,

- 랜덤 박스 사업을 실패한 이유: 친한 동욱이와 동업했는데
  1) 둘 다 계산을 못함
  2) 둘 다 다른 사람에게 의견을 당당하게 말하지 못함

- 나의 장점: 참신한 아이디어

- 무역왕이 되기 위한 인재 모집 조건:
  1) 계산을 잘하는 사람
  2) 당당하게 의견을 잘 말하는 사람

이윤을 내는 일은 그보다 더 중요했다. 사업을 잘 하려면 시시각각 바뀌는 상황에 맞춰 원활하게 비용 및 **매출**, **매출액**, 예상 이익을 계산할 수 있어야 했다. 달구쌤이 '사업가는 숫자와 친해야 한다.'고 했던 말은 바로 이런 뜻이었다. 그런 의미에서 볼 때 동업자였던 동욱이와 지훈이 모두 계산을 잘 못했으니, 문제가 많았던 셈이다.

계산 능력과 더불어 지훈이에게는 주눅 들지 않고 말을 잘하는 사람도 필요했다. 지난번에는 고객들이 요구하는 대로 들어줬다가 추가로 재료를 구입하는 바람에 재료비가 많이 들어갔다. 이번에도 그렇게 한다면 망할 게 불 보듯 뻔했다. 부당한 요구에

적절히 대처할 수 있는 말주변을 가진 사람을 찾아야만 예상 이익에 맞춘 사업 활동을 이어 갈 수 있을 것이다.

깊은 생각에 빠져 있는 지훈이의 어깨를 철수가 툭 쳤다.
"야! 뭘 그렇게 생각해?"
"응? 어, 사업!"
"사업? 너 사업 안 할 거라고 했잖아."
지훈이는 머쓱하게 웃으며 손을 들어 머리를 긁적거렸다.
"그게…… 사실 달구쌤이 무역을 한다고 말씀하신 뒤로 생각이 바뀌었거든."
철수가 지훈이의 어깨에 손을 얹으며 말했다.
"어쩐지, 너는 꼭 다시 사업할 것 같더라. 그런데 지난번에도 얘기했지만 난 절대 너랑 같이 사업 안 할 거야. 그냥 만화방이나 운영하면서 적당히 돈 벌래."
"그건 알고 있지. 참, 철수야, 우리 반에서 누가 계산을 잘하는지 알아?"
"계산? 갑자기 웬 계산?"
철수가 고개를 옆으로 갸웃거린 뒤 말을 이었다.
"계산이라면 민혁이가 잘하지."

"그래, 민혁이가…… 잘하지……."

철수가 어깨에 얹었던 손을 내려 지훈이의 등을 가볍게 두드렸다.

"설마 너 민혁이랑 동업하려고?"

"어떨 것 같아? 민혁이랑 동업하면 힘들까?"

"야, 당연하지! 걔가 '명탐정 코난'을 빌려 갔다가 제때 안 돌려주는 바람에 내가 얼마나 고생했는지 뻔히 봤잖아!"

"봤지, 봤어."

"민혁이한테 약속한 기한이 다 됐으니까 만화책을 돌려 달라고 했더니 나한테 뭐라고 했는지 알아? 계약서 있냐고, 증인 있냐고 그러더라. 허, 나 참, 어이가 없어서! 그래서 다음부터는 만화방 이용하지 말라고 했더니 자기는 불매 운동할 거래. 진짜 자기밖에 모르는 녀석이라니까!"

철수의 말을 듣던 지훈이는 민혁이와의 동업을 머릿속에 그려 봤다. 자기밖에 모르는 녀석이라 오히려 자기 사업은 열심히 하지 않을까? 절대 손해 보지 않으려고 계산도 꼼꼼히 하고, 고객한테도 휘둘리지 않고…….

사업은 사업, 친분은 친분! 개인적인 감정보다 사업의 성공을 우선해서 생각한다면 민혁이는 괜찮은 인재였다. 결국 지훈이는 민혁이에게 사업 이야기를 해 보기로 결심했다.

내 사업의 동업자, 너로 정했다!

지훈이의 머릿속은 온통 민혁이뿐이었다. 어떻게 말해 볼까 고민하며 교실로 향하는데 시끄럽게 싸우는 소리가 들렸다. 재빨리 교실 문을 열어 보니 가윤이와 민혁이가 다투고 있었다.

"야! 가지고 오라고!"

"싫은데, 싫은데? 친구끼리 숙제 좀 보자."

"친구? 하, 너는 이럴 때만 친구지? 맛있는 거 먹을 때는 주지도 않잖아!"

민혁이가 시실거리며 두 손을 모아 비는 시늉을 했다.

"다음부터는 꼭 줄게. 그러니까 보여 줘."

"싫다니까! 내가 힘들게 숙제하는 동안 너는 게임하고 놀았잖아!"

"진짜 맛있는 거 사 줄게. 그러니까 제발 보여 줘, 응?"

가윤이는 민혁이를 응시한 채 손을 내밀었다.

"맛있는 거 필요 없으니까 내 숙제 가져와. 안 그러면 쌤한테 다 이를 거야!"

그때 달구쌤이 교실로 들어왔다. 그러자 둘은 재빨리 말싸움을 멈추고 각자 자리에 앉았다.

방금까지 민혁이에게 한마디도 지지 않던 가윤이가 아주 평온한 모습으로 자리에 앉아 있는 모습을 본 지훈이의 머릿속에 한 가지 생각이 번뜩였다.

'그래, 가윤이다! 가윤이랑 동업하는 거야!'

제멋대로 구는 민혁이에게 조금도 휘둘리지 않고 당당하게 자기 의견을 얘기하는 가윤이라면 고객을 설득하는 일도 잘할 거라는 확신이 들었다.

수업 마침종이 치자마자 지훈이는 가윤이의 자리로 다가갔다.

"가윤아!"

"왜?"

"혹시 나랑 사업하지 않을래? 나한테 기발한 사업 아이템이 있는데, 같이 금교잇 무역을 해 보는 거 어때?"

"사업? 음, 안 할래. 그냥 편하게 지내고 싶어."

가윤이가 거절할 거라고는 전혀 생각지도 못한 지훈이는 머릿속이 멍해졌다. '뭐라고 말해야 가윤이가 혹할까?' 하지만 좀처럼 괜찮은 이야기가 떠오르지 않아서 초조했다.

"나는 너랑 꼭 같이 하고 싶어! 너처럼 말 잘하고 똑 부러지는 애랑 사업하면 성공할 수 있을 것 같아!"

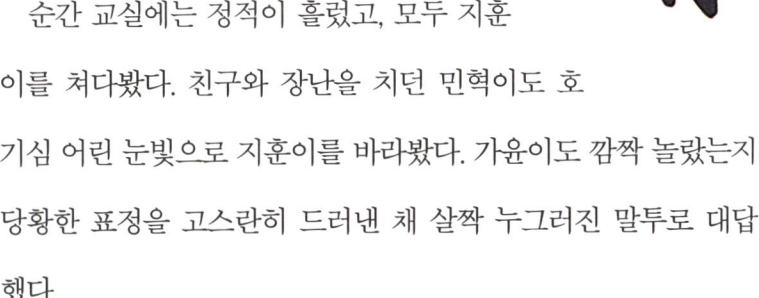

조급한 마음에 저도 모르게 목소리가 크게 나왔다.

순간 교실에는 정적이 흘렀고, 모두 지훈이를 쳐다봤다. 친구와 장난을 치던 민혁이도 호기심 어린 눈빛으로 지훈이를 바라봤다. 가윤이도 깜짝 놀랐는지 당황한 표정을 고스란히 드러낸 채 살짝 누그러진 말투로 대답했다.

"그러면…… 음…… 한번 생각해 볼게."

"꼭 같이 하면 좋겠다. 그러니까 좋은 쪽으로 생각해 줘."

"아, 알겠어."

하지만 수업이 끝날 때까지 가윤이는 지훈이에게 어떤 대답도 들려주지 않았다.

기적의 논리

집으로 가려는 지훈이를 민혁이가 막아섰다.

"지훈아, 너 가윤이랑 동업할 거야?"

"어? 응."

"그래? 어떤 사업을 할 건데?"

아침까지만 해도 지훈이의 머릿속 동업자는 민혁이었다. 하지만 이제 민혁이는 사라지고 없었다.

"비밀이야. 너는 동업자가 아니니까."

"그러면…… 내가 동업하면 무슨 사업인지 알려 줄 거야?"

생각지도 못한 민혁이의 말에 지훈이는 화들짝 놀랐다.

"뭐? 나랑 동업한다고?"

"응!"

지훈이의 눈이 더 커졌다.

"왜?"

"왠지 너한테 좋은 사업 아이템이 있을 것 같아서! 아까 말이야, 얼마나 좋은 아이템을 가지고 있기에 가윤이랑 동업하려고 저렇게 애쓰나 싶더라고."

"네 말도 맞지……. 그런데 너랑 가윤이는 앙숙이잖아. 너도 같이 한다고 하면 가윤이가 안 할 것 같은데?"

민혁이가 펄쩍 뛰며 지훈이의 말을 부정했다.

"무슨 소리야, 나랑 가윤이가 얼마나 친한데! 우리는 3학년 때도, 4학년 때도 지금처럼 막 으르렁대면서 놀았다고."

지훈이로서는 도저히 이해할 수 없는 관계였지만, 그들의 능력은 진짜 탐났다.

"정말 친하다고? 그렇게 친한 사이면 내일 나랑 같이 가윤이 좀 설득해 주라."

"좋아, 나만 믿어! 내가 설득해 줄게."

다음 날, 교실 문을 열고 들어간 지훈이는 가윤이와 민혁이를 살피며 조용히 자리에 앉았다. 그런 지훈이에게 가윤이가 다가와 동업하자고 말했다. 신이 난 지훈이는 자리로 돌아가는 가윤이를 쳐다보다 재빨리 민혁이 자리로 갔다.

"너 혹시 가윤이한테 무슨 말 했어?"

"응, 당연하지! 우리 친하다고 했잖아."

"도대체 뭐라고 했어? 어떻게 꼬셨는데?"

민혁이가 뿌듯한 표정으로 대답했다.

"돈 벌면 제일 많이 주겠다고 했지."

지훈이의 입이 순간 떡 벌어졌다.

"뭐? 그걸 왜 네 마음대로 약속해?"

"가윤이가 나랑은 절대 동업 안 한다잖아. 그래서 그랬지. 게다가 우리 둘보다 아주 조금만 더 줘도 제일 많이 주는 게 되니까 별로 어려운 일도 아니고."

지훈이는 민혁이가 펼친 기적의 논리에 말문이 막혔다. 요리조리 잘 둘러대는 말솜씨가 신기하면서도 부러웠다. 어쨌든 원하는 대로 동업자를 모았으니, 시작은 나쁘지 않다고 생각했다.

사업에 필요한 셈법

매출액은 뭐고, 이윤은 뭐죠?

사업을 시작하기 전에 반드시 예상 매출액과 예상 이윤을 생각해야 해요. 그래야 사업으로 대략 얼마의 돈을 벌 수 있는지 예상할 수 있거든요.

그런데 매출액은 뭐고 이윤은 뭘까요? 둘은 뭐가 다를까요?

여러분이 1,000원짜리 아이스크림을 5개 팔았다고 할게요. 그러면 손님으로부터 얼마를 받았나요? 1,000원×5개=5,000원. 매출액은 5,000원이 됩니다.

그러면 매출액이 곧 진짜 이익일까요? 아이스크림 1개를 생산하는 데 300원의 생산 비용이 든다고 해 볼게요. 그러면 아이스크림을 1개 팔 때마다 700원의 진짜 이익이 발생하게 됩니다. (1,000원-300원)×5개=3,500원. 3,500원의 진짜 이익이 생겼어요. 이렇게 제품을 생산하는 데 든 비용을 매출액에서 뺀 진짜 이익 3,500원이 바로 '이윤'입니다.

매출액 = 가격 × 판매량

이윤 = 매출액 − 생산 비용

이제 지훈이의 장부를 가지고 이윤을 계산해 볼까요?

매출액(1주)	재료비	지훈, 동욱 임금	이윤
6,000캔	8,000캔	600캔	-2,600캔

뽑기 가격은 100캔이었고, 일주일 동안 판매된 뽑기는 총 60개였어요. 그러면 매출액은 100캔×60개. 6,000캔이 됩니다. 장부를 보니 재료비로 8,000캔 그리고 지훈이와 동욱이, 두 명의 사장님에게 임금으로 600캔을 지급했어요. 따라서 사업을 하는 데 들어간 총생산 비용은 8,600캔!

이윤은 매출액 6,000캔에서 생산 비용 8,600캔을 뺀 금액, 즉 -2,600캔입니다.

지훈이가 사업을 접은 이유가 여기 있었네요! 진짜 이익이 마이너스(-)였으니, 제품을 팔면 팔수록 캔이 부족할 수밖에 없었겠어요. 부디 이번에 새로 시작하는 사업은 이윤이 플러스(+)가 되길 응원해 봅니다!

관련 교육 과정

초등학교
- **사회** 4학년 2학기 2. 필요한 것의 생산과 교환
- **사회** 6학년 1학기 2. 우리나라의 경제 발전

중학교
- **사회 2** 8. 경제생활과 선택
- **사회 2** 9. 시장경제와 가격

귀띔 무역 용어

- **생산 비용:** 제품이나 서비스 생산에 들어간 자원의 금액
- **저작권:** 자신이 만든 창작물에 대해서 갖는 권리
- **예산:** 필요한 비용과 이익, 금액 등을 미리 헤아려서 계산함, 또는 계산한 금액

오늘도 무역!

환타국 아이들은 새로운 사업 이야기를 하느라 아침부터 분주했다.

"생각해 둔 아이템이라도 있는 거야?"

지훈이에게 다가온 철수가 장난스럽게 물었다.

"있지. 하지만 비밀이라 공개 못 해."

"얼마나 좋은 아이템이기에 비밀이야?"

"그것도 비밀!"

철수가 쳇, 소리를 내며 일부러 삐진 표정을 지었다. 그러더니 이내 싱긋 웃으며 지훈이의 등을 가볍게 툭 쳤다.

"얼마나 멋진 아이템인지 모르겠지만 기대할게."

그때 교실 문이 열리며 달구쌤이 들어왔다. 그러자 아이들은 어제처럼 달구쌤을 향해 질문을 쏟아냈다.

"오늘도 무역에 대해 배우나요?"

"무역, 무역!"

"글로벌 마켓에 상품 등록은 언제 해요? 빨리 하고 싶어요!"

달구쌤은 초롱초롱한 아이들의 눈을 마주하며 고개를 끄덕였다.

"자자, 진정하고! 오늘은 사업계획서를 쓸 거야."

그러자 슈링클스 열쇠고리 사업을 슬아와 함께 운영 중인 나연이가 손을 들고 질문했다.

"쌤, 사업계획서는 지난번에 썼는데 또 써요? 어차피 지금 하는 사업 그대로 진출할 건데……."

"맞아요, 제품이 같으면 사업계획서를 안 써도 되지 않나요?"

"사업계획서 쓰는 거 어려운데……."

불만 가득한 아이들의 말을 들으면서도 달구쌤은 어림없다는 표정을 지은 채 다시 한번 고개를 끄덕였다.

"당연히 써야지. 지난번에 쓴 사업계획서는 도깨비 상점에 맞춰 쓴 거였잖니. 시장이 환타국 밖으로 커지면서 새로운 변수들이 생겼거든. 그러니까 바뀐 시장에 맞춰서 사업계획서를 새로 써야 해."

민혁이가 머리를 긁적이며 기운 빠진 목소리로 말했다.

"새로운 변수들이요? 으아, 새로 쓰려니 막막해요!"

"이번에도 쌤이 도와주실 거죠?"

"도와주세요!"

"당연하지! 그럼 우리가 쓰던 '도깨비 상점 사업계획서' 항목을 보면서 어떤 게 달라지는지 함께 얘기해 볼까?"

자신의 사업계획서를 살피던 슬아가 귀 뒤로 머리카락을 넘기며 말했다.

"구매할 사람들이 늘었으니 더 많이 생산해야겠어요. 그러려면 재료도 더 많이 사야 하니까…… 비용이 더 들겠군요!"

그러자 슬아를 바라보며 나연이가 근심 어린 말투로 대꾸했.

"그런데 슈링클스 열쇠고리를 판매하는 업체가 다른 나라에도 있지 않을까? 우리 상품을 더 많이 팔려면 판매 가격이 저렴해야 하니까 아무래도 비용을 많이 쓰면 손해일 거 같아."

달구쌤은 슬아와 나연이를 바라보며 흐뭇한 미소를 지었다.

"금교잇 활동에는 환타국뿐 아니라 다른 나라들도 참가하다 보니 아무래도 경쟁이 심할 거야. 그래도 시장이 커진만큼 고객들도 다양하고 많겠지."

"그 말씀은 우리가 빈털터리가 될 수 있지만 부자도 될 수 있다는 거죠?"

"그렇지! 고객들에게 상품을 제대로 어필하지 못하면 돈을 더 못 벌 수 있지만, 제대로만 하면 훨씬 더 많은 돈을 벌 수 있는 기회가 열릴 거야. 이제는 왜 사업계획서를 다시 써야 하는지 알겠지? 시장이 커지면 비용을 보는 눈도 달라져야 하고, 사업 아이템에 대한 고민도 더 깊어져야 한단다."

"그러면 도깨비 상점에서 판매하던 상품을 다시 검토해야겠네요. 판매 가격부터 수량……."

"그리고 **생산 비용**도 생각해야 해. 이윤을 내려면 비용도 꼭 따져 봐야 하니까."

"가격, 수량, 비용……. 으아아~!"

교실 여기저기서 앓는 소리가 새어 나왔다. 그 사이 지훈이의 머릿속에선 근사한 아이디어가 반짝 떠올랐다. 그러자 가슴이 요란하게 콩닥거렸다.

'그래, 이 사업은 분명 성공할 수 있어!' 지훈이는 방과후에 있을 첫 사업 모임이 기다려졌다.

세 명의 창업 어벤저스, 어셈블!

"우리 사업에 대한 이야기를 좀 해 볼까?"

학교 앞 햄버거 가게에서 민혁이와 가윤이를 만난 지훈이는 구상해 둔 사업에 대해 설명했다.

"절대 다른 친구들에게 말하면 안 돼, 알았지?"

"당연하지!"

민혁이가 세차게 고개를 끄덕였다.

"내가 생각한 사업 아이템은 바로 뽑기를 업그레이드한 랜덤 박스야."

"랜덤 박스?"

"무작위로 상자를 고른 뒤 그 안에 든 상품을 갖는 거야?"

"맞아, 그런데 그게 다가 아니야! 그냥 랜덤 박스는 흔하잖아.

그래서 생각해 낸 게 바로 '원피스 랜덤 박스'야. 아이들이 좋아하는 캐릭터 이미지를 써서 랜덤 박스를 만드는 거지. 어때? 그냥 랜덤 박스보다 인기 있을 것 같지 않아?"

"오~, 괜찮은데? 원피스 관련 굿즈들도 만들어서 팔거나 끼워 주는 건 어때?"

지훈이와 민혁이의 얘기를 가만히 듣고 있던 가윤이의 표정은 두 사람과 달리 어두웠다.

"가윤아, 네 생각은 어때? 괜찮지?"

"음, 캐릭터를 활용한 랜덤 박스는 나쁘지 않아. 그런데……."

"그런데?"

"**저작권** 침해…… 아닌가? 그렇다면 우리의 사업계획서는 통과 못 할 거야."

"저작권?"

"응, 원피스 캐릭터는 우리가 만든 게 아니잖아. 그래서 사용하려면 캐릭터를 만든 사람에게 허락을 꼭 받아야 해. 그냥 마음대로 쓰게 되면 만든 사람의 권리를 침해하는 거니까."

랜덤 박스와 원피스 캐릭터의 결합은 지훈이가 고민에 고민을 거듭한 끝에 찾아 낸 기발한 사업 아이템이었다. 그래서 저작권 침해라고 지적하는 가윤이가 너무 얄미웠다. 하지만 틀린 말이 아니었다. 다른 사람의 창작물을 허락도 없이 함부로 쓰는 일은 명백한 저작권 침해로, 정보 활용 수업 시간뿐 아니라 뉴스에서도 들은 적 있었다.

"그러면 어쩌지? 그냥 랜덤 박스만 팔까?"

민혁이가 손바닥으로 가볍게 탁자를 툭 치며 말했다.

"무슨 소리야! 캐릭터를 넣기로 했으면 넣어야지. 가윤이 말처럼 원피스 캐릭터는 쓰면 안 되니까 우리가 직접 만드는 건 어때? 이번 기회에 아이들이 좋아할 만한 멋진 캐릭터를 만드는 거야!"

지훈이는 생각지도 못한 말에 고개를 갸웃거렸다.

"우리가? 난 그림에 소질 없는데? 가윤아, 넌 그림 잘 그려?"

"나? 아니, 나도 그림이랑은 담 쌓았어."

민혁이가 한쪽 눈썹을 추어올리며 자신 있게 나섰다.

"그렇다면 내가 그릴게!"

"네가? 맨날 미술 시간이면 쌤한테 혼나는 네가? 대충 그린다고 늘 다시 그려 오라고 하시잖아."

"아이고, 요즘 누가 그림을 연필로 그리고 색연필로 칠하냐?"

"그러면?"

"당연히 그림 앱을 쓰지! 앱으로 그리면 순식간에 칠해 주잖아. 원하는 그림들의 선도 따 주는 걸"

가윤이가 미심쩍은 눈길로 자신만만한 표정을 짓고 있는 민혁이를 쳐다봤다.

"그러면 증명해 봐!"

"좋아. 내일까지 캐릭터를 그려 올게!"

다음 날, 교실 문을 여는 민혁이를 보자마자 지훈이가 냉큼 다가갔다. 가윤이도 그 뒤를 따랐다. 두 사람은 누가 먼저랄 것도 없이 민혁이에게 캐릭터를 보여 달라고 말했다. 그러자 민혁이는 자신만만한 표정으로 휴대폰을 꺼내 자기가 그린 캐릭터를 보여 줬다.

"오~ 김민혁! 진짜 잘 그리는데?"

"나쁘지 않네. 그런데 좀 더 귀여운 캐릭터가 있다면 애들이 더 좋아할 것 같아."

"하하하, 그럴 줄 알고 귀여

운 캐릭터도 그려 왔지!"

회심의 미소를 지으며 민혁이가 두 번째 작품을 선보였다.

"오! 이것도 좋은 걸!"

"그러면 더 이상 저작권 문제는 신경 쓰지 않아도 되겠다. 우리가 직접 그린 그림을 사용하니까."

"이제 랜덤 박스 안에 뭘 넣을지 고민해 보자. 애들이 좋아하는 걸 넣어야 많이 팔릴 거야."

지훈이는 가윤이의 말을 듣고 잠시 고민했다.

"그러면 랜덤 박스에 어떤 물건을 넣을지 작전을 잘 짜야겠다."

"그리고 게임처럼 재미있는 이벤트도 만들면 좋겠어."

"이벤트?"

가윤이가 관심을 보이자 민혁이는 신나서 자신의 아이디어를 풀어놓았다.

"예를 들면 보물찾기처럼 랜덤 박스 안에 특별한 걸 넣어 두고 그걸 다 모으면 특별한 선물을 준다거나 랜덤 박스를 산 친구들에게 방탈출 게임에 참여할 기회를 주는 거야. 그러면 진짜 재미있을 것 같아."

세 사람은 넘쳐흐르는 아이디어를 잘 모아 멋진 사업계획서를 완성했다.

글로벌 마켓 진출 사업계획서 : 손지훈

1. 내가 하고 싶은 사업이 무엇인지 설명해 봅시다.

내가 하고 싶은 사업은 무엇인가?	특별한 콘셉트가 있는 랜덤 박스 사업
그것과 관련된 비슷한 사업이 있는가?	랜덤 박스, 로또, 뽑기
남들과 다른 내 사업만의 특별한 점은 무엇인가?	캐릭터를 넣어 특별함을 부각시킴 서비스로 제공되는 넌센스 퀴즈와 방탈출 게임
주변 사람들에게 나의 사업 아이디어를 설명하고 평가를 받아 보자.	가족들과 친구들이 방탈출 게임이 기대된다고 함
내가 사업을 실행하는 데 가장 어려운 점은 무엇인가?	손해를 보지 않고 이익을 얻을 수 있도록 상품의 가격을 정하는 것 재미있는 방탈출 게임을 메타버스에 구현하는 것
나는 그 어려움을 극복할 수 있는가?	계산을 잘 하는 친구, 메타버스 프로그램을 잘 다루는 친구와 동업하여 어려움을 극복할 예정

2. 나의 사업 아이디어를 그림과 글로 표현해 봅시다.

다양한 물건들이 들어 있는 랜덤 박스를 제작하여 판매함

랜덤 박스를 구입하면 방탈출 게임 QR 코드가 적혀 있는 초대장을 제공함

3. 구체적인 사업 계획을 세워 봅시다.

가. 생산 계획

무엇을 팔 것인가?	아이들이 좋아하는 다양한 물건들이 들어 있는 랜덤 박스
누구에게 팔 것인가?	독특한 상품을 좋아하며 금교잇 활동에 참여하는 다른 나라 친구들
얼마나 생산할 것인가?	20개
생산하기 위해서는 어떤 재료가 필요한가?	초콜릿, 과자, 손풍기, 피규어, 포토 카드, 딱지, 예쁜 열쇠고리
재료를 구매하는 데 비용은 얼마나 드는가?	4,000 ~ 7,000캔

나. 판매 계획

비용을 고려한 가격은 얼마인가?	500 ~ 800캔
많이 팔기 위한 홍보 전략은 무엇인가?	친구들이 갖고 싶어 하는 물건들이 들어 있다는 내용을 담은 홍보물 제작하기 구입하는 친구들에게 넌센스 퀴즈와 방탈출 게임에 참가할 수 있는 기회 제공하기

다. 실천 과제

과제	설명
구입할 재료 정리하기	필요한 재료는 무엇인지, 어디서 구입할 수 있는지, 재료 가격은 얼마인지 정리
랜덤 박스 제작하기	서로 다른 물건들이 들어 있도록 다양한 랜덤 박스를 제작
방탈출 게임 만들기	방탈출 게임에 대한 시나리오를 짠 뒤 메타버스 프로그램을 이용해서 만듦
홍보물 제작하기	랜덤 박스를 구매하면 받게 될 물건들과 방탈출 게임이 잘 드러나도록 미리캔버스를 이용하여 홍보물 제작

 창업 어벤저스의 사업 설명회

다음 날, 금교잇 무역을 위한 사업 설명회가 진행되었다. 아이들은 차례대로 자신들이 기획한 사업 아이템에 대해 설명했다. 이윽고 차례가 되자 지훈이와 가윤이, 민혁이는 미리 정해 둔 역할에 맞춰 사업 설명회를 진행했다.

지훈이가 사업 설명회의 포문을 열었다.

"안녕하십니까? 저희는 '추리왕 코단 랜덤 박스' 팀입니다. 저희가 만든 랜덤 박스는 다른 랜덤 박스와 차원이 다릅니다. 우선 이 캐릭터의 이름은 코단으로, 저희 팀 김민혁 님이 만든 남자아이 캐릭터입니다. 그 옆에 있는 고양이 캐릭터의 이름은 독순이입니다."

'코단'이라는 이름이 나오자마자 여기저기서 웅성대는 소리가 들렸다. '명탐정 코난'이 떠오르는 이름에 짝퉁 아니냐는 반응도 있었다. 그리고 '독순이'는 고양이보다 강아지에게 더 어울리는 이름이라는 말도 나왔다.

"코단, 코난이랑 이름이 비슷하죠? 맞습니다. 코난을 엄청 좋아하는 마음을 담아 만든 캐릭터입니다."

- **초대장 내용**

안녕하세요? 추리왕 코단입니다.

추리왕 코단 랜덤 박스를 구매해 주셔서 감사합니다. 이에 당신을 새로운 방탈출 게임, '추리왕 코단 방탈출 게임'에 초대합니다. 아래 QR 코드를 찍어 방탈출 게임에 참여하세요.

＊방탈출 게임은 '추리왕 코단 랜덤 박스'를 구입한 고객들께만 드리는 특별 선물이니 절대 다른 사람에게 보여 주지 마세요!

이번엔 가윤이가 차분한 목소리로 설명했다.

"랜덤 박스에는 여러분이 좋아할 만한 물건들이 가득 들어 있습니다. 맛있는 사탕, 초콜릿 과자, 딱지와 피규어, 심지어 손풍기까지! 그리고 포토 카드, 예쁜 열쇠고리도 있습니다."

"이것들만 들어 있다면 '추리왕 코단'이라는 이름을 붙일 수 없었겠죠?"

민혁이는 교실 안을 천천히 훑어보며 또랑또랑한 말투로 설명했다.

"랜덤 박스를 구입한 분들께는 특별한 기회를 드릴 예정입니다. 바로 코단과 함께하는 추리왕 놀이! 저희가 직접 제작한 넌센스 퀴즈와 방탈출 게임인데요. 랜덤 박스 안에 있는 QR 코드를 찍으면 방탈출 게임에 바로 참여할 수 있습니다!"

지훈이와 가윤이, 민혁이의 손발이 착착 맞는 환상적인 호흡과 독특하고 기발한 아이디어, 꼼꼼하게 작성한 사업계획서 덕분에 '추리왕 코단 랜덤 박스' 사업은 수출 활동 참가 권한을 받을 수 있었다.

사업계획서가 통과되어 수출 활동 참가 권한을 받으면 달구쌤으로부터 **생산 비용**을 지원받을 수 있는 자격이 주어졌다. 그래서 달구쌤은 점심시간을 이용해서 수출 활동 참가 권한을 획득한 팀들을 만났다. 추리왕 코단 랜덤 박스 팀도 달구쌤과 면담을 했다.

"아이디어가 참 좋더라? 누가 낸 거니?"

"모두 함께했어요. 다들 의견을 내고 더 나은 결과가 나오도록 노력했습니다!"

"그랬다니 더 대단한 걸? 나중에 쌤도 꼭 랜덤 박스를 사서 방탈출 게임에 참여할게. 사업을 잘 준비해서 반드시 성공하길 바란다."

"네, 알겠습니다!"

"그러면 수요일에 상품을 만드는 데 필요한 재료들을 사러 갈 예정이니까, 사업계획서를 바탕으로 구입해야 할 재료들 목록을 잘 정리해 두도록 해!"

세 사람은 면담에서 달구쌤이 해 주신 칭찬과 기대에 무척 고무되었다. 그래서 사업계획서를 조금 더 다듬고 재료 목록을 꼼꼼하게 작성하며 랜덤 박스를 제대로 제작하겠다는 의지를 다졌다.

추리왕 코단 랜덤 박스 완성!

지훈이는 사업계획서가 있으니 재료 구입은 어렵지 않을 거라고 생각했다. 그러나 결과는 전혀 달랐다.

달구쌤이 주신 5,000캔 **예산** 안에서 랜덤 박스에 채울 물건들을 사던 중 민혁이와 가윤이가 부딪혔기 때문이다. 민혁이는 즉흥적으로 공룡 피규어를 더 사자고 우겼고, 가윤이는 절대 안 된다며 반대했던 것이다. 결국 지훈이는 달구쌤에게 도움을 요청할 수밖에 없었다.

"쌤, 도와주세요."

"지훈아, 무슨 일인데?"

"민혁이랑 가윤이가 싸워요."

"뭐? 왜 싸워?"

지훈이는 한숨을 크게 쉰 뒤 머리를 긁적거리며 입을 열었다.

"그게요, 민혁이가 재료 목록에 있는 공룡 피규어를 원래 계획보다 몇 개 더 사겠다고 하니까 가윤이가 절대 안 된다고 하고……. 어휴, 그래서 둘이 말싸움하고 있어요."

"지훈이는 어떻게 하고 싶은데?"

"사실 가윤이 말이 맞다고 생각하지만…… 공룡 피규어는 인

기가 많을 것 같아서……. 그래서 잘 모르겠어요."

달구쌤은 입술을 뿌죽이 내민 지훈이를 쳐다보며 입꼬리를 살짝 올렸다.

"그러면 두 사람이 모두 받아들일 수 있는 제안을 내놓는 게 좋겠구나. 너희들끼리 재료 목록을 한 번 더 수정하는 시간을 가지면 어떨까? 다 같이 상점을 둘러보고 더 좋은 물건들이 있으면 재료 목록을 수정해서 구입하는 거지. 대신 이번에 수정하고 나면 재료 목록에 없는 물건은 사지 않기로 민혁이에게 약속 꼭 받는 것 잊지 말고!"

달구쌤이 알려 준 방법 덕분에 다행히 더 이상의 싸움은 막을 수 있었다. 비록 지훈이는 기진맥진한 상태로 집에 갈 수밖에 없었지만, 우여곡절 끝에 물품 구입은 마무리되었다.

다음 날, 달구쌤의 안내에 따라 아이들은 각자 팀별로 본격적으로 제품 생산을 시작했다. 추리왕 코단 랜덤 박스 팀도 최적의 생산을 위해 할 일은 나누었다. 지훈이는 랜덤 박스에 열심히 물건을 나눠서 담은 뒤 겉면을 다양하고 아기자기한 스티커들로 열심히 꾸몄다. 그동안 가윤이와 민혁이는 넌센스 퀴즈와 방탈출 게임을 만드느라 여념이 없었다.

"내가 만든 방탈출 게임 시나리오 한번 볼래?"

놀란 민혁이가 눈을 크게 뜨고 가윤이를 쳐다봤다.

"벌써 다 만들었어?"

"아니, 다는 아니고 조금 만들었는데, 좋은지 봐 줘."

지훈이가 고개를 끄덕이며 기대에 찬 목소리로 대답했다.

"알았어!"

가윤이는 등장인물부터 배경, 각 방별로 어떤 장면을 넣을지 차례대로 설명했다.

"우와, 가윤아, 너 천재 아니냐?"

"오~ 정말 괜찮은데? 그런데 머리 꽤나 아팠겠다."

추리왕 코단 방탈출 게임

등장인물
코단: 코난이랑 비슷한 성격, 수염이 났음.
방탈출 게임에 참여하는 사람들에게 규칙을 설명해 줌

배경
- 코단이 타임머신을 타고 과거의 대한민국으로 여행을 떠남
- 각 방은 1960년부터 시대별로 설정되어 있고, 벽에 그 시대를 대표하는 역사적 사건들이 사진으로 걸려 있음
- 가난에서 벗어나 잘 먹고 잘살기 위해서 각 방에 숨겨진 힌트를 최대한 많이 찾아야 함

사건
1) 첫 번째 방
- 시대적 배경: 1960~70년대
- 방 설명: 6.25 전쟁의 여파로 폐허가 된 대한민국이 가난에서 탈출하기 위해서는 4개의 열쇠가 필요합니다. 방을 샅샅이 살펴 4개의 열쇠를 찾기 바랍니다.

첫 번째 열쇠: 이 방에 있는 사진에 가장 많이 등장하는 것으로, 우리가 가난에서 벗어나려면 꼭 필요합니다. 그것은 무엇일까요?
> 정답: 사람

"민혁아, 이 아이디어 네가 낸 거잖아. 이런 건 너밖에 못 하지."

예상치도 못한 가윤이의 칭찬에 민혁이는 잠시 어리둥절했다. 하지만 이내 낮게 콧노래를 부르며 열심히 방탈출 게임을 만들었다.

그렇게 세 사람은 무역 활동을 위한 준비를 하나씩 완료해 갔다. 그리고 하나의 목표를 위해 협동하는 팀으로도 조금씩 성장하고 있었다.

창업을 위한 준비

사업계획서는 꼭 필요한가요?

사업계획서라고 하니까 뭔가 거창하게 들리죠? 하지만 절대 그렇지 않아요. 여러분이 생각한 사업 아이디어와 아이템을 깔끔하게 정리해 둔 표가 바로 사업계획서입니다.

사업계획서를 작성하다 보면 머릿속 생각과 실제 상황이 다르다는 걸 확실히 깨닫게 되죠. 사업을 시작한 뒤 문제가 발생하면 해결하는 데 시간과 비용이 많이 들어요. 그래서 사업계획서를 작성해서 그런 상황들을 예방하는 거예요.

사업계획서에는 사업 아이디어 및 아이템의 세부 사항을 꼼꼼하게 적는데, 이 과정을 통해 미처 발견하지 못한 문제점은 없는지 확인할 수 있어요. 객관적인 시선으로 문제점과 해결책, 대안 등을 바라볼 수 있게 되거든요.

사업 아이디어가 괜찮은지 미리 알 수 있나요?

성공적인 사업은 훌륭한 아이디어에서 출발해요. 지훈이처럼 여러분의 머릿속도 다양한 사업 아이디어들로 가득 차 있을지도 모르겠네요. 아이디어가 너무 많아서 뭘 선택해야 할지 고민된다면, 다음 세 가지 질문에 답을 해 보세요.

첫 번째는 '남과 다른가?'예요. 이미 다른 사람들이 똑같은 사업을 하고 있다면 성공하기 힘들거든요. 나만의 차별화된 무언가가 반드시 있어야 해요. 완전히 새로운 걸 창조해 내면 좋지만, 그게 아니더라도 자신만의 독특한 무언가가 필요해요. 예를 들어, 새로운 종류의 빵이 아니더라도 독특한 재료를 빵에 첨가할 수도 있고, 독창적인 모양으로 만들 수도 있겠죠.

두 번째는 '사람들이 좋아할까?'입니다. 여러분이 만든 상품을 사람들이 좋아해야 소비할 테니까요. 미래 고객들이 여러분의 아이디어를 좋아하고, 기꺼이 소비할지 밖으로 나가서 수요 조사를 해 보세요!

세 번째는 '내가 할 수 있을까?'예요. 사업 아이디어가 있는데, 그게 현실적으로 실현 불가능할 수도 있잖아요. 내가 아이디어를 구체화해서 실현 가능할지 생각해야 합니다. 이와 더불어 그 일을 즐기면서 할 수 있는지도 생각해 보면 좋겠어요.

관련 교육 과정

초등학교
- [사회] 6학년 1학기 2. 우리나라의 경제 발전
- [수학] 6학년 1학기 4. 비와 비율

중학교
- [사회2] 10. 국민 경제와 국제 거래
- [수학1] 2. 문자와 식
- [수학1] 3. 함수와 그래프

귀띔 무역 용어

- **화폐 가치:** 화폐가 가지는 구매력. 상품과 화폐의 교환 가치
- **수요:** 상품을 사고자 하는 욕구. 소득이나 기호, 다른 재화의 가격 등에 따라 달라짐
- **공급:** 상품을 팔고자 하는 욕구
- **IMF, International Monetary Fund**(국제 통화 기금): 회원국이 조금씩 돈을 내어 기금을 조성하고, 빚에 쫓들려 고생하는 국가에게 그 돈을 빌려주어 그 나라의 경제가 발전할 수 있게 돕는다는 목적으로 1945년에 설립된 국제 기구
- **금 모으기 운동:** IMF 때 경제 위기를 타계하기 위해 온 국민이 금을 모으던 활동

환전? 바꿔, 바꿔!

"금교잇 무역 준비는 잘되고 있니?"

"네!"

"아니요!"

"너무 어려워요."

아이들의 대답에 달구쌤은 고개를 살짝 갸웃하며 물었다.

"뭐가 어려운데?"

"제가 만든 상품을 다른 나라 친구들이 좋아할지 안 좋아할지 잘 모르겠어요."

"다른 나라에 우리랑 같은 사업을 하는 친구들이 많으면 어쩌나 걱정이에요."

처음 무역을 준비할 때는 다른 나라 친구들과 수출, 수입을 한다는 점에 마냥 고무되어 있던 아이들이 어느새 기업가의 시선으로 상황을 바라보고 있었다. 더 많은 친구에게 상품을 팔 수 있을 거라며 꿈에 부풀기도 했고, 다른 나라 친구들의 상품들과 경쟁

한다는 사실에 부담을 갖기도 했다. 시장이 더 커질 때의 장점과 단점을 몸소 경험하는 중이었다.

"오늘은 글로벌 마켓에 올릴 홍보물을 제작할 예정인데, 그 전에 설명할 게 있어."

"네? 저희는 이미 제작하고 있는데요?"

"이미 제작한 홍보물은 그대로 둬도 괜찮아. 다만 상품 가격은 쌤이 하는 설명을 들은 다음에 결정하자."

민혁이가 난감한 표정을 지었다.

"음…… 그냥 저희가 원하는 가격을 적으면 안 되나요?"

"너희들이 받고 싶은 가격을 적어도 돼. 그래도 고려해야 할 게 한 가지 있단다. 바로 화폐야. 환타국은 화폐로 '캔'을 쓰지만 다른 나라는 우리와 다른 화폐를 쓰고 있거든. 누리국은 '잇다', 감사국은 '골드', 친친국은 '친'을 쓰지. 그리고 나라마다 **화폐 가치**도 달라."

철수가 손뼉을 치며 큰소리로 말했다.

"아! 무슨 말씀인지 알겠어요. 지난번에 설명하셨던 환율 맞죠?"

"맞아. 나라마다 화폐 단위도 다르고 화폐 가치도 다르기 때문에 해외로 여행을 가면 그 나라의 돈으로 환전하잖아? 그거랑 똑같아."

"그러면 우리도 환전해야 하나요?"

"환전할 필요는 없어. 다만 물건을 팔기 위해서 상품 가격을 다른 나라의 화폐로 표시해야 한단다."

슬아가 의자에서 살짝 엉덩이를 든 채 손을 번쩍 들었다.

"아, 지난번에 금교잇 무역에서는 누리국의 잇다를 쓴다고 하셨어요!"

"맞아, 무역을 통해 거래하는 상품들은 모두 잇다로 가격을 표시할 거야."

달구쌤은 화면에 그림을 띄웠다.

오늘의 환율		
미국 USD 1,330	유럽 연합 EUR 1,430	호주 AUD 915
영국 GBP 1,750	중국 CNY 185	일본 JPY 899

"환전이 돈을 바꾸는 거라면, 환율은 돈을 바꾸는 비율이야. 그리고 이건 오늘의 환율이란다. 미국을 보면 1,330이라고 되어 있지? 1달러는 1,330원이라는 뜻이야. 그래서 1달러랑 1,330원이랑

바꿀 수 있어."

민혁이가 뿌루퉁한 표정을 지으며 말했다.

"왜 미국은 고작 1달러밖에 안 주는데 우리는 1,330원이나 줘요? 너무 억울해요!"

"맞아요! 왜 우리는 많이 줘야 해요?"

"우리가 손해잖아요!"

달구쌤은 불평을 늘어놓는 아이들의 마음을 이해한다는 듯 고개를 두어 번 끄덕였다.

"그렇게 생각할 수 있어. 그런데 이건 숫자의 크기가 다른 거라고 이해해야 해. 음, 맥도날드에서 햄버거를 사 먹는다고 해 보자. 똑같은 햄버거를 우리나라에서는 5,000원에 사고, 미국에서는 4달러에 사는 거야."

아이들은 뭔가 알 듯 말 듯, 아리송한 표정을 지었다.

똑같은 햄버거, 다른 가격

달구쌤이 빙그레한 미소를 지으며 화면에 그림을 띄웠다.

"다시 화면을 좀 볼까?"

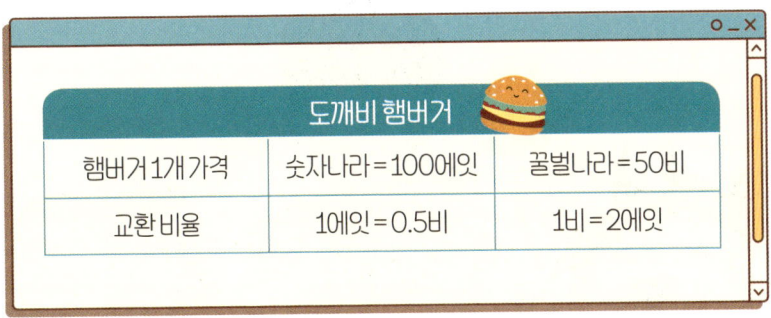

"숫자나라와 꿀벌나라가 있고, 두 나라에서는 동일한 햄버거를 판매하고 있다고 가정해 볼게. 이때 두 나라의 국민들에게 똑같이 100이라는 값어치의 돈을 줄 거야. 이제 햄버거 가격을 확인해 볼까?"

"햄버거 가격이 달라요!"

"숫자나라가 더 비싸요!"

"맞아, 숫자나라에서는 100으로 햄버거를 1개만 사 먹을 수 있지만, 꿀벌나라에서는 100으로 햄버거를 2개나 사 먹을 수 있어."

민혁이가 입맛을 다시며 말했다.

"저는 꿀벌나라에서 살아야겠어요. 똑같은 햄버거인데 2개나 먹을 수 있잖아요."

아이들의 키득키득 웃는 소리를 들으며 달구쌤이 질문을 던졌다.

"그럼 누군가 숫자나라의 돈 100을 주면서 꿀벌나라의 돈과 바꾸자고 하면, 얼마로 바꿔 줘야 할까?"

"200?"

"아니지, 50이지!"

"50이야! 숫자나라 돈 100으로는 햄버거를 1개 밖에 못 사는데 꿀벌나라 돈 100으로는 2개나 살 수 있잖아!"

달구쌤은 화면에 떠 있는 햄버거를 가리키며 설명했다.

"맞아, 똑같은 햄버거를 숫자나라 돈 100에잇으로는 1개를 사고 꿀벌나라 돈 100비로는 2개를 산다는 건, 꿀벌나라 돈의 가치가 숫자나라 돈의 가치보다 2배 높다는 뜻이야. 그래서 숫자나라 돈 100을 주면 꿀벌나라 돈 50만큼만 살 수 있는 거야."

철수가 콧등에 주름을 잡으며 툴툴대는 어조로 말했다.

"왠지 숫자나라가 손해 보는 것처럼 느껴져요."

"하지만 이건 손해가 아니야. 그냥 돈의 가치가 다른 것뿐이란다. 자, 이것만 기억하자. 똑같은 햄버거, 다른 가격!"

"네!"

고개를 끄덕이던 가윤이가 손에 쥔 연필로 볼을 콕콕 찌르며 질문을 던졌다.

"쌤, 그러면 환율은 누가 결정해요?"

"환율은 특별한 사람이나 나라가 아니라 시장에서 결정된단다."

"시장이요?"

"그래, 시장에서 물건을 사고팔면서 가격이 결정되듯이, 환율도 외환 시장이라는 특수한 시장에서 돈을 사고팔면서 결정되는 거란다. 자, 시장에 사과를 사려는 사람들이 많이 오면 사과 가격은 어떻게 될까?"

"올라가요!"

철수가 재빨리 대답했다.

"그러면 외환 시장에서 달러를 사려는 사람이 많으면 달러의 가격은 어떻게 될까?"

"달러를 사려는 사람이 많으면……."

슬아가 흐음, 소리를 낸 뒤 입술을 쭉 내밀었다.

"어려워요."

"돈을 돈 주고 산다고 생각하니까 어려운 거야. 얘들아, 달러를 사과라고 생각하면 어떨까? 시장에 달러를 사러 온 사람들이 많은 거야. 그러면 달러 가격은 어떻게 될까?"

"달러 가격은 올라가요!"

달구쌤이 고개를 끄덕이자 그제야 애들의 표정이 살짝 밝아졌다.

"맞아. 달러에 대한 **수요**가 많아지면 가격, 그러니까 달러 가치가 올라가는 거야. 예를 들어, 우리나라 사람들이 해외여행을 많이 가거나 해외에서 물건을 많이 사 오면 달러가 많이 필요해지니까 달러 가치가 올라가게 되지. 그러면 사과는 많은데 사는 사람이 없으면 가격은 어떻게 될까?"

"떨어져요!"

"제법인데? 달러에 대한 **공급**이 많아지면 달러 가치는 떨어지게 돼. 외국인들이 우리나라로 여행을 많이 오거나 해외에서 물건을 많이 팔면 달러가 많이 필요하지 않으니까 달러 가치가 내려가게 된단다."

변덕스런 환율

"오, 쌤 설명을 들으니까 **IMF**가 생각났어요!"

사회 시간에 배웠던 IMF라는 단어를 듣자 여기저기서 아이들의 질문이 쏟아졌다.

"IMF 때 우리나라의 화폐 가치가 엄청 떨어지고, 달러 가치는 엄청 올랐다고 하셨잖아요."

"저도 기억나요! 그때 외국으로 이민 가려고 달러로 바꿔 놓았던 사람들이 돈을 엄청 많이 벌었다고 하셨어요."

"그러면 IMF 때도 우리나라 사람들이 해외에서 물건을 많이 수입하고, 해외여행을 많이 가서 달러 가치가 꽤 많이 올랐던 거예요?"

금교잇 활동이 자연스럽게 사회 학습으로 이어지자 달구쌤이 씨익, 소리 없이 웃었다.

"IMF 외환 위기는 이것과 다르단다."

"어떻게 달라요?"

"그 당시 우리나라 기업들은 사업을 확장하거나 해외에 진출하기 위해서 외국 금융 기관들로부터 달러를 많이 빌렸어. 그런데 우리나라 경제가 위기라는 소식이 퍼지니까 외국 금융 기관들이 너도나도 돈을 갚으라고 요구했지."

달구쌤의 설명을 집중해서 듣고 있던 철수가 책상을 가볍게 탁탁, 소리나게 두드렸다.

"아! 달러로 갚아야 하니까 외환 시장에서 달러를 사려는 사람들이 많았겠네요?"

"맞아. 달러를 필요로 하는 사람들이 한꺼번에 많아져서 달러 가치가 엄청나게 올라갔어. 그래서 달러 가치를 낮추기 위해 한국은행은 가지고 있던 달러를 외환 시장에서 팔기도 하고 외국에서 빌리기도 했지만 역부족이었지. 가지고 있던 달러가 바닥나자 결국 IMF에 구제 금융을 신청할 수밖에 없었어."

나연이가 손을 번쩍 들고 팔랑팔랑 흔들었다.

"쌤, 질문이요! IMF 외환 위기 때 **금 모으기 운동**도 했다던데, 달러랑 금이랑 어떤 관계예요?"

갑자기 달구쌤이 눈물을 훔치는 시늉을 했다.

"아, 그때 생각만 하면 눈물이 앞을 가린다. 온 국민이 나라를 살리겠다고 금을 모았지. 모은 금을 팔아서 IMF로부터 빌린 달러를 빨리 갚자고 말이야."

"그런데 왜 금을 모았어요? 보석도 있고, 다른 비싼 것들도 많이 있잖아요."

"금은 일종의 만능 화폐거든. 그래서 세계 어느 나라에 가서도 그 나라의 화폐로 바꿀 수 있어. 그런 이유로 전 국민이 금을 모았던 거야."

태희가 팔로 자신의 어깨를 감싸며 부르르 몸을 떨었다.

"달러가 없다고 나라가 위험해지다니, 정말 무서워요."

단순히 수학 시간에 배운 '비와 비율'로만 생각한 환율이 사회책에서 배운 우리나라 경제사로 이어지자 학생들의 눈빛이 달라졌다. 무역 활동이 가지는 중요성을 새롭게 인식하게 되자 숙연해지기까지 했다.

달구쌤은 화면에 새로운 그림을 띄웠다.

"자, 이건 금교잇 참가국의 환율표야. 환타국의 '잇다 대비 환율'도 잘 보이지? 오늘의 잇다 대비 캔 환율은 얼마지?"

"1.5캔이에요."

〈금교잇 이번 주 환율〉

"그래, 오늘은 '1잇다=1.5캔'이지. 그러면 내일은 어떨까? 오늘과 같을까?"

슬아가 나지막이 앗, 소리를 내더니 손을 들었다.

"쌤, 그러면 환율이 매일 달라지나요?"

"당연하지. 환율은 다양한 이유로 인해 매 순간 변한단다. 사과의 가격이 변하는 것처럼 말이야."

민혁이가 오른손을 들어 자신의 이마를 가볍게 툭 치며 말했다.

"으아, 그럼 매일 상품 가격을 바꿔야 해요?"

"원래는 그래야 하지만, 금교잇 무역 주간에서는 편의상 정해진 날짜의 환율을 적용하기로 했단다. 그래서 1주일 간격으로 환율을 바꿀 예정이니까 너무 걱정할 건 없어."

 달구쌤의 말이 끝나기가 무섭게 여기저기서 앓는 소리가 났다. 그러자 달구쌤은 고개를 절레절레 저으며 싱긋 웃었다.

 "이제 상품의 가격을 캔에서 잇다로 바꿔서 표시해 줘. 열심히 만들어서 잇다를 많이 벌어 보자!"

랜덤 박스의 가격은 '잇다'로 얼마지?

달구쌤의 설명이 끝나자 각 팀들은 저마다 금교잇 환율표를 보며 상품의 가격을 계산했다. 추리왕 코단 랜덤 박스 팀도 분주하게 환율을 계산했다.

"그러면 랜덤 박스 가격은 얼마로 하지? 그냥 막 정하면 안 될 것 같은데……."

지훈이의 질문에 가윤이가 또랑또랑한 목소리로 대답했다.

"가격을 정하기 전에 몇 가지 조건에 대해 생각해 보라고 달구쌤이 말씀하셨잖아. 그걸 기준으로 가격을 정하면 될 것 같아."

"일단 랜덤 박스를 몇 개 정도 팔 수 있을까?"

지훈이의 질문에 민혁이가 흥, 코웃음을 치며 대답했다.

"완판 가야지!"

"그러면 20개?"

"당연하지! 무조건 20개 다 팔 수 있어!"

"그러면 사업 지원비로 받은 5,000캔을 빼고도 이윤을 남겨야 하니까 랜덤 박스 가격은 250캔(5,000캔÷20개) 이상은 돼야 해. 얼마로 하지?"

가윤이가 재빨리 머릿속으로 계산한 뒤 말했다.

"500캔 어때? 그러면 이익은 5,000캔{(500-250)캔×20개}이고, 세 명이 나누면 될 것 같아."

"600캔으로 하자! 500캔은 아무래도 싼 것 같아! 우리 랜덤 박스에는 방탈출 게임이랑 넌센스 퀴즈도 들어 있잖아."

민혁이의 제안에 지훈이도 동의했다.

"내 생각에도 500캔보다는 600캔이 나은 것 같아. 이왕이면 이익을 더 남기는 게 좋지!"

가윤이는 600캔이 살짝 비싸다고 생각했다. 하지만 금교잇 사업을 위해 열심히 노력했고, 상품에 대한 자신감도 있었기에 결국 동의했다.

"그러면 600캔으로 하자. 이제 잇다로 얼마인지 계산하면 되네? 달구쌤이 어떻게 계산하면 된다고 했는지 기억나?"

"쌤이 환율은 비와 비율로 계산하면 된다고 하셨으니까⋯⋯ 계산해 보자."

"환타국 환율이 '1잇다=1.5캔'이니까 비로 나타내면 '1잇다:1.5캔'이야. 이걸 상품 가격 비로 만들면 된다고 하

1잇다 : 1.5캔 = □ : 600캔
⇒ 내항의 곱은 외항의 곱과 같다
⇒ 1.5캔×□ = 600캔×1잇다
⇒ (1.5캔×□)÷1.5캔 = (600캔×1잇다)÷1.5캔
⇒ □ = 400잇다

셨으니까 '1.5캔×□=600캔×1잇다'가 되고, 이걸 비례식으로 풀면…… 400잇다가 되네."

가윤이의 계산을 지켜보던 민혁이가 말했다.

"맞네, 400잇다!"

그때 지훈이가 고개를 한쪽으로 갸웃거렸다.

"근데 '캔/잇다' 환율이 1.5이라는 건 무슨 뜻이야?"

"1잇다는 1.5캔을 줘야 살 수 있다는 뜻이야."

"그러면 600캔짜리 랜덤 박스는 400잇다가 맞는 거지?"

"맞을 걸? 흠…… 쌤한테 물어보자."

민혁이가 달구쌤을 향해 손을 들었다.

"쌤, 600캔을 잇다로 표시하면 400잇다가 맞나요?"

"어떻게 해서 400잇다가 나왔는데?"

가윤이는 좀 전에 계산했던 방법을 달구쌤에게 설명했다.

"맞아, 쌤이 설명한 걸 완벽하게 이해했구나."

조마조마한 마음으로 쌤의 대답을 기다리던 가윤이는 그제야 환하게 웃었다. 지훈이와 민혁이는 가윤이를 향해 엄지손가락을 들어 보였다.

"상품의 가격은 정했니?"

"네, 홍보물 제작만 하면 끝나요."

"이제 글로벌 마켓에서 돈 버는 일만 남았어요. 왕창 벌어야지!"

지훈이의 말에 달구쌤과 아이들은 소리 내어 웃었다. 조만간 글로벌 마켓을 통해 무역을 시작한다는 사실에 아이들의 가슴은 기대와 설렘과 흥분으로 술렁거렸다.

궁금해요, 나영쌤 ④ 화폐와 환율

환율은 어떻게 정해지나요?

환율은 두 화폐 사이의 교환 비율입니다. 예를 들어, 달러랑 원화를 바꾸는 비율이 1달러당 1,300원이라고 할게요. 이 경우 '원/달러(USD/KRW) 환율'은 1,300원이라고 표현해요. 이 말은 1달러를 1,300원 주고 산다는 뜻이죠. 결국 환율은 외화의 가격이에요.

어떤 상품에 대한 가격은 사고자 하는 쪽(수요)과 팔고자 하는 쪽(공급)에 의해 시장에서 결정됩니다. 사려는 사람이 늘거나 팔려는 사람이 줄면 가격이 올라가죠. 반대로 사려는 사람이 줄거나 팔려는 사람이 늘면 가격이 내려가요.

외화도 마찬가지예요. 외화를 사려는 사람이 늘거나 팔려는 사람이 줄면 환율이 올라가고, 반대의 경우에는 환율이 내려가요.

환율은 매일 변해요

금교잇 무역을 할 때 친구들은 '금주의 환율'을 보며 수출, 수입 상품의 가격을 계산해요.

환율이란 앞에서 두 나라 화폐를 교환하는 비율이라고 했잖아요. 그래서 '1잇다=2캔'이라고 하면 1잇다와 2캔을 교환한다고 할 수 있고, 1잇다를 2캔 주고 산다고 표현할 수도 있죠.

그런데 1잇다를 2캔 주고 산다는 말이랑 사과 1개를 1,000원 주고 산다는 말이랑 비슷하지 않나요? 환율은 결국 외국 화폐의 가격이라고 볼 수 있어요.

여러 나라 화폐에 대한 환율 중에 현실에서 제일 중요한 건 미국 달러에 대한 환율입니다. 금교잇에서 무역 화폐로 쓰이는 잇다가 현실에서는 미국 달러니까요.

미국 달러에 대한 환율(대미환율)은 미국 달러의 '가격'이라고 표현할 수 있어요. 사과의 가격이 변하듯 미국 달러의 가격인 환율도 변합니다.

환율 변동의 원인

환율이 변동하는 이유는 사과 가격이 변동하는 것과 비슷해요. 사과를 사려는 사람이 많아지면 사과 가격은 오르죠. 또 장마나 가뭄이 지속되면 사과의 공급이 줄고, 공급이 줄면 가격은 오릅니다.

환율도 마찬가지예요. 현실에서 제일 중요한 미국 달러를 사람들이 많이 사거나 미국 달러의 공급이 줄어들면 달러 가격인 환율이 오르게 되죠.

환율의 변동을 예측하려면, 어떤 게 달러의 수요(외화를 사고자 하는 쪽)에 해당하고 어떤 게 달러의 공급(외화를 팔고자 하는 쪽)에 해당하는지 알아야 해요.

먼저 외화의 수요에는 해외여행, 유학, 수입, 해외 차관 상환(달러로 진 빚을 갚는 것) 등이 해당됩니다. 해외로 여행을 간다거나 유학을 가려면 외화가 필요하니 외화를 사겠죠. 또 해외에서 물건을 사 오려면(수입하려면) 외화가 필요해요. 그리고 외국에 달러 빚이 있는데, 갚아야 한다고 생각해 보세요. 원화를 팔아 달러를 사서 갚아야겠죠.

그렇다면 외화의 공급에는 어떤 게 있을까요? 외국인들의 국내 관광과 국내 유학, 수출, 해외 차관 도입(외국에서 달러로 돈을 빌려 오는 것) 등이 해당됩니다. 국내로 들어온 외국인들은 달러를 팔고 원화를 사서 여행을 하거나 학비를 낼 거예요. 그래서 외국인 여행객이나 유학생이 많아지면 달러가 많이 공급돼요. 해외에 상품을 팔면(수출하면) 그 대가로 달러를 받으니, 달러가 국내에 공급됩니다. 또 외국에서 달러를 빌려오면, 당장에는 달러가 공급되는 거고요.

5
기축통화국만 이득 아닌가요?

관련 교육 과정

초등학교
- **사회** 5학년 1학기 2. 인권 존중과 정의로운 사회
- **사회** 6학년 1학기 1. 우리나라의 정치 발전
- **사회** 6학년 1학기 2. 우리나라의 경제 발전

중학교
- **사회1** 3. 정시 생활과 민주주의
- **사회2** 6. 인권과 헌법
- **사회2** 10. 국민 경제와 국제 거래

귀띔 무역 용어

- **기축통화**: 나라 간의 결제나 금융 거래의 기본이 되는 통화
- **기축통화국**: 기축통화를 발행하는 국가
- **흑자**: 수익이 비용보다 많아 이윤이 발생함. 이와 반대로 수익이 비용보다 적어 손실이 발생한 경우는 적자라고 함

우리가 너무 불리해!

수업이 모두 끝난 뒤 지훈이는 가윤이, 민혁이와 함께 교문을 나섰다. 민혁이는 아까부터 골똘히 생각에 잠겨 있었다.

"곰곰이 생각해 봤는데, 우리는 열심히 사업해서 잇다를 버는데 누리국은 잇다를 벌 필요 없는 거 아닌가? 그냥 잇다를 찍어 내기만 하면 되잖아."

민혁이 오랜 침묵을 깨고 던진 말에 가윤이와 지훈이는 의아한 표정을 지었다.

"그게 무슨 말이야?"

"우리는 잇다를 벌기 위해서 열심히 수출하잖아. 그런데 누리국은 어차피 잇다를 원하는 만큼 만들 수 있으니까, 수출할 필요 없이 그냥 잇다를 더 많이 만들면 되는 거 아니냐고. 정말 억울하지 않아?"

민혁이의 설명을 들은 지훈이의 입이 점점 더 크게 벌어졌다.

"우와! 듣고 보니 그렇네."

"왜 우리가 잇다를 쓰지?"

"누리국이 더 커서? 미국처럼? 쌤이 지난번에 말씀하셨잖아."

민혁이가 눈을 가늘게 뜨고 지훈이를 쳐다봤다.

"누리국이 미국처럼 커? 확인해 봤어?"

"물론 그건 아닌데……."

"민혁이 말을 듣고 보니까 아무래도 우리한테 너무 부당한 것 같아. 내일 학급 회의가 있으니까 그때 강력하게 문제 제기 하자!"

평소 민혁이와 의견이 일치하는 경우가 많지 않던 가윤이도 이번만큼은 민혁이의 말에 동의했다.

정의의 사도, 불공평을 문제 삼다

민혁이는 다음 날 등교하자마자 친구들에게 자신이 밤새 고민한 문제에 대해서 열심히 설명했다. 민혁이의 설명을 들은 환타국 학생들 대부분이 그 말에 동의했다. 그러자 민혁이는 학급 회의 시간이 더욱 기다려졌다.

드디어 6교시, 학급 회의가 시작되었다.

"함께 얘기하고 싶은 안건이 있는 분은 손을 들고 얘기해 주세요."

반장 슬아가 회의 시작을 알리자마자 민혁이가 누구보다 빠르게 손을 들었다.

"안건이 있습니다! 무역 활동을 시작하면, 우리는 열심히 상품을 만들고 팔아서 잇다를 벌어야 합니다. 그런데 누리국은 잇다를 쓰기 때문에 열심히 상품을 만들고 팔 필요가 없습니다. 게다

가 우리는 잇다를 벌어야 다른 나라 상품을 살 수 있는데, 누리국은 그럴 필요가 없습니다. 이건 너무 억울하지 않습니까?"

"어? 그러네!"

"정말?"

"맞네, 맞아!"

민혁이의 말이 끝나기가 무섭게 여기저기서 웅성거렸다. 슬아는 생각지도 못한 안건에 당황했다. 평소 학급 회의에서 논의되는 안건들은 환타국에 국한되었는데, 이번에는 환타국뿐 아니라 다른 나라들과도 관련이 있었기 때문이다. 결국 슬아는 달구쌤에게 도움의 눈빛을 보낼 수밖에 없었다.

"민혁이가 아주 좋은 안건을 냈구나."

달구쌤이 수런대는 아이들을 훑어보며 말했다.

"이번 금교잇 무역에서는 누리국의 잇다를 사용하기로 약속했어. 마치 전 세계가 미국의 달러를 사용하는 것처럼 말이야. 이때 잇다를 **기축통화**, 잇다를 발행하는 누리국을 **기축통화국**이라고 한단다."

민혁이는 억울함을 담은 말투로 달구쌤에게 질문했다.

"근데 왜 누리국의 잇다를 쓰는 거예요? 그냥 환타국의 캔을 쓰면 안 되나요?"

"맞아요! 우리는 열심히 무역을 해야 잇다를 버는데 누리국은 그럴 필요 없잖아요."

태희가 눈을 가느스름하게 뜨며 투덜거렸다.

"누리국만 유리한 상황이잖아요. 안 그래도 미국이 부러운데……. 금교잇에서까지 다른 나라 돈을 쓰니까 많이 억울해요!"

"흠, 그러면 누리국은 무조건 유리하기만 할까?"

"네! 어~엄~청 유리할 것 같아요."

"물론 그렇게 생각할 수 있어. 그런데 잇다 말고 환타국의 캔을 쓰게 되면 다른 나라도 우리처럼 불만을 갖게 되지 않을까?"

달구쌤의 질문에 교실 안은 순간 조용해졌다.

 누리국이 기축통화국이 된 이유

가윤이가 침묵을 깨고 입을 뗐다.

"꼭 잇다를 써야 하는 게 아니라면, 투표로 정하는 건 어때요?"

"투표로 정할 수도 있겠지. 그런데 투표로 하면 사람 수가 제일 많은 나라가 유리하겠지?"

"아…… 그러네요."

"기축통화국을 정할 때 너희도 함께 참석했다면 좋았을 텐데, 아쉽게도 금교잇 참가국 전체가 논의해야 하는 문제라 쌤들이 대표로 모일 수밖에 없었어."

회의를 진행하던 슬아가 달구쌤에게 질문을 던졌다.

"쌤, 그러면 어떤 기준에 의해 누리국이 선정된 건가요?"

"지난번에 미국이 왜 기축통화국이 되었는지 설명한 적 있는데, 혹시 기억하니? 미국이 기축통화국인 된 이유는 나라도 크고, 인구도 많고, 무엇보다 전 세계에서 가장 튼튼한 경제를 가지고 있기 때문이야. 그래서 미국 달러는 쉽게 가치가 떨어지지 않을 거라는 믿음을 얻게 되었지."

"누리국도 미국처럼 경제가 튼튼한가요?"

"딩동댕! 맞아."

민혁이는 아직도 기축통화국이 누리국인 상황에 미련이 남아 있었다.

"누리국의 경제가 튼튼하다는 건 어떻게 알아요?"

"누리국은 학생 수도 많고, 교실 경제 활동이 무척 활발하게 이루어지고 있어. 금교잇 활동에 참여하고 있는 사업체가 무려 15개나 된단다."

깜짝 놀란 민혁이가 눈을 회동그랗게 떴다.

"우와! 회사가 15개나 된다고요? 혹시 등록만 해 놓고 돈은 제대로 못 벌고 있는 곳들이 많은 건 아니고요?"

"누리국 정의쌤이 그러시는데, 손해가 커서 파산한 경우도 있지만 15개 회사는

열심히 사업 활동을 하고 있고, **흑자**를 내고 있다고 해."

"회사가 15개면 인정! 우리보다 많네, 많아."

달구쌤의 설명이 끝나자 대다수 아이들은 고개를 끄덕이며 수긍했다. 하지만 민혁이의 얼굴엔 여전히 불만이 가득했다.

"그래도 누리국이 너무 큰 혜택을 받는 거 아닌가요?"

"민혁이가 생각하기에 누리국은 어떤 혜택을 받는 거 같아?"

"우리는 다른 나라 물건을 수입하기 위해서 열심히 잇다를 벌어야 하지만 누리국은 그럴 필요가 없잖아요. 그냥 잇다를 더 만들어서 수입하면 되니까요."

"그럴 수도 있겠지. 그런데 민혁이 말처럼 누리국이 마음대로 잇다를 만들어서 다른 나라 물건을 원하는 만큼 산다면 어떻게 될까? 누리국은 베짱이처럼 놀기만 해도 잘 먹고 잘사는 데, 다른 나라들은 개미처럼 기를 쓰고 일만 해야 한다면?"

"말도 안 돼요!"

"으악, 정말 싫어요!"

"그런 게 어디 있어요!"

베짱이와 개미 얘기를 듣자마자 아이들은 절대로 그럴 수 없다며 입을 모아 항의했다.

"지금 너희들처럼 다른 나라들도 가만히 있지 않을 거야. 잇다를 쓰지 않겠다고 항의하겠지."

"절대 용납 못 합니다! 다른 나라와 연합해서 시위할 거예요!"

"무조건 반대!"

 ## 기축통화국, 꼭 좋은 건 아니야

학생들의 웅성거림이 조금씩 잦아들자 달구쌤이 말했다.

"쌤들도 기축통화를 정할 때 그런 얘기를 나눴어. 그래서 누리국이 마음대로 잇다를 찍어 내지 못하도록 해 두었단다. 환타국이 매주 임금을 지급하기 위해 캔을 찍어 내는 것처럼 누리국도 계획된 금액만큼만 잇다를 더 찍을 수 있게 했어. 혹시 잇다를 더 많이 찍어야 하는 일이 생기면 다른 나라 쌤들에게 미리 얘기한 뒤 동의를 구해야만 해."

"아, 다행이다!"

"누리국도 은근히 불편하겠어요."

"그렇겠지? 그래서 기축통화국이라고 무조건 좋은 건 아니란다."

간만에 학급 회의 진행자가 아닌 참가자가 된 슬아가 홀가분

한 마음으로 질문을 던졌다.

"쌤, 미국이 수출을 너무 많이 해서 달러를 지나치게 많이 벌면 안 된다는 내용의 책을 예전에 읽었는데요, 누리국도 그런가요?"

"흠…… 얘들아, 누리국이 수출을 너무 많이 해서 잇다를 지나치게 많이 벌면 어떻게 될까?"

"엄청난 부자가 되겠죠? 으아, 부럽다."

"그러게, 돈을 많이 버니까 좋겠구나. 그러면 다른 나라는 어떨까?"

턱을 손가락으로 가볍게 긁으며 골똘히 생각에 잠겼던 민혁이가 대답했다.

"무역을 하려면 잇다가 많이 필요하잖아요. 그런데 누리국이 잇다를 많이 벌어들이는 바람에 다른 나라는 잇다가 부족할 것 같아요."

"그래, 잇다가 부족해질 거야. 그러면 다른 나라는 물건을 마음껏 수입할 수 없겠지. 또 잇다가 귀해져서 환율도 많이 오를 거야."

"무역이 원활하게 이루어지려면 누리국은 수출을 많이 하면 안 되겠어요."

"그럼 수출을 적게 하면 어떻게 될까?"

"수출은 적게 하고 수입을 많이 하면 누리국의 잇다가 다른 나라로 많이 나가니까 이것도 문제일 것 같아요."

달구쌤은 아이들의 걱정 섞인 의견을 놓치지 않았다.

"왜 그렇게 되는지 설명할 수 있니?"

"다른 나라가 가지고 있던 잇다를 외환 시장에 많이 내놓으면 잇다의 가치가 떨어질 테니까요."

"맞아! 잇다는 무역에서 중요한 돈인데, 그 가치가 너무 오르락내리락하면 안 되겠지? 그래서 누리국이 좋기만 한 게 아니라는 거야."

"정말 그렇네요."

"누리국이 잇다의 가치를 지키려다 보면 무역에서 손해를 보기도 하겠어요."

아이들은 기축통화국인 누리국이 손해를 볼 수도 있다는 사실에 깜짝 놀랐다.

"누리국 역시 경제 위기를 맞을 수 있어. 그러면 쌤들과의 약속을 어기고 잇다를 엄청나게 많이 찍어 낼지도 모르지."

"그건 또 우리가 못 보죠!"

민혁이가 주먹을 불끈 쥐고 목소리를 높였다.

"약속은 지켜야 합니다!"

"그래서 중요한 게 균형이야. 특히 누리국 같은 기축통화국은 수출과 수입을 균형 있게 해 주는 게 좋아. 이왕이면 다른 나라들이 쓸 잇다를 공급해 줘야 하니까 수출보다 수입이 살짝 더 많으면 좋지."

"쌤, 우리가 하는 금교잇 활동이 현실과 너무 비슷한 것 같아서 신기하고 재미있어요! 그런데 너무 어렵네요, 하하하."

문제 제기를 시작할 때만 해도 광야 위 사자처럼 눈에 힘을 잔뜩 주고 있던 민혁이가 어느새 순한 양의 눈빛을 띠고 있었다.

"민혁이는 불만이 해소됐니?"

"네!"

"아주 좋은 문제 제기였어. 덕분에 어려운 기축통화에 대해서 배울 수 있었구나. 그렇지? 그러니까 민혁이에게 다 같이 박수 쳐 주자!"

달구쌤의 칭찬에 민혁이의 얼굴이 살짝 붉어졌다. 덕분에 어려운 내용을 배우는 기회가 되었다는 쌤의 칭찬이 머릿속을 맴돌았고, 가슴이 벅찰 정도로 뿌듯했다. 민혁이는 고개를 돌려 창업 어벤저스를 바라보았다.

'기필코 성공해서 우리 팀과 내 이름을 빛내겠어!'

기축통화국의 딜레마

국제 결제 통화가 뭐죠?

누리국의 화폐 '잇다'는 금교잇 활동을 할 때 쓰는 화폐예요. 현실에서의 미국 달러와 유사하죠? 지금은 미국 달러, 유로, 영국 파운드, 엔, 위안 등의 다양한 화폐들이 쓰이지만 제 2차 세계 대전 이후부터 1970년대 초까지는 오직 미국 달러만 썼답니다.

무역할 때 쓰이는 화폐를 국제 결제 통화라고 하는데요. 안타깝게도 우리나라 원화는 아직 국제 결제 통화가 아닙니다. 국제 결제 통화 중에서는 미국 달러가 가장 많이 쓰이고, 여러 나라에서 환율을 결정할 때 기준이 되는 경우도 많아요.

예를 들어, 엔화와 원화의 환율을 정한다고 해 볼게요. 미국 달러와 원화와의 환율이 정해지고, 미국 달러와 엔화의 환율이 정해지면 이를 기준으로 삼아 원화와 엔화의 환율이 정해지는 거예요.

미국 달러는 어떻게 기축 통화가 되었을까?

왜 미국 달러를 기준으로 삼냐고요? 여기에는 역사적 배경이 있어요.

① 미국 달러, 기축통화가 되다

제 2차 세계 대전 말인 1944년, 세계 여러 나라 대표들이 미국의 브레튼우즈에 모여서 회의를 했어요. 당시 미국은 돈을 엄청 많이 벌었고, 힘이 세졌죠. 유럽은 전쟁이 일어난 까닭에 피해가 컸던 반면, 미국은 그렇지 않았거든요. 게다가 전쟁에 필요한 물자들을 많이 수출했어요.

이런 배경 속에 미국이 달러를 세계의 중심이 되는 돈으로 정하고 무역할 땐 달러만 쓰자고 제안했어요. '금 1온즈를 35달러로 바꿔 주겠다.'고도 약속했죠. 이렇게 달러 가치는 고정되었어요. 그리고 각국의 화폐와 미국 달러를 바꾸는 비율인 환율도 정해졌지요. 이제 달러가 모든 화폐의 기준이 되었습니다. 그래서 달러를 기준이 되는 돈, 기축통화라고 합니다.

② 기축통화국의 딜레마

무역할 때 달러만 쓰니까 미국에게 엄청 이득일까요? 당연히 좋은 점이 있죠. 하지만 마냥 좋기만 한 건 아니에요. 기축통화국도 힘든 점이 있답니다.

만약 미국이 수입보다 수출을 많이 한다고 생각해 볼게요. 미국이 수출한다는 건 다른 나라에 물건을 주고 달러를 받아 오는 거잖아요? 미국이 달러를 많이 받아 오게 되면, 다른 나라끼리 무역을 할 때 쓸 달러가 부족할 수 있어요. 달러가 부족하면 무역 활동이 움츠러들 수 있죠.

그러니 무역이 원활하게 이뤄지려면, 미국은 수입을 많이 해야 합니다. 다른 나라에서 물건을 수입하고 그 대가로 달러를 지급하게 되니까, 다른 나라들은 보유하게 되는 달러가 많아지고 무역은 활발하게 이뤄지겠죠.

③ 무너진 브레튼우즈 체제

그러면 미국이 달러를 많이 찍어서 수입을 많이 하고 수출을 적게 하면 문제가 해결될까요? 아쉽게도 그렇지 않아요. 다른 나라에서 보유하는 달러가 많아지면, 달러에 대한 믿음이 떨어질 수 있거든요.

앞에서 달러를 금으로 바꿔 준다고 했잖아요. 그런데 달러가 많다 보면 '지금 여러 나라에서 가지고 있는 달러의 양이 미국이 보유하고 있는 금보다 많은 거 아니야?'라는 의심이 생길 거예요.

실제로 브레튼우즈 협정 이후 20여 년간 미국은 수출보다 수입을 많이 했고, 이를 통해 지속적으로 달러가 외국에 많이 풀렸어요. 그리고 풀린 달러보다 미국이 보유한 금의 양은 더 적어졌죠.

이를 눈치챈 프랑스는 엄청난 금액의 달러를 가져와 금으로 바꿔 갔고, 이를 본 다른 나라들도 우르르 몰려와 금으로 바꿔 달라고 요구했어요. 결국 1971년, 미국의 대통령이었던 닉슨은 '더 이상 달러를 금으로 바꿔 주지 않겠다.'라고 선언했답니다. 이로써 브레튼우즈 체제는 붕괴되었어요.

하지만 여전히 무역에서 사용하는 화폐 중 미국 달러가 차지하는 비중이 높고, 달러를 환율 결정의 기준으로 삼는 국가들이 많아요. 달러가 기축통화로서의 역할을 어느 정도 유지하고 있는 셈이죠.

그래서 기축통화국으로서 미국은 원활하게 달러를 공급하기 위해 수입을 수출보다 더 많이 하면서 달러의 가치를 유지하려고 많은 노력을 기울이고 있답니다.

관련 교육 과정

초등학교
- 사회 4학년 2학기 2. 필요한 것의 생산과 교환
- 사회 6학년 1학기 2. 우리나라의 경제 발전

중학교
- 사회2 8. 경제생활과 선택
- 사회2 10. 국민 경제와 국제 거래

귀띔 무역 용어

- **마케팅**: 상품을 소비자에게 널리 알리는 활동
- **허위 광고**: 상품이나 서비스에 대한 정보 중 진실이 아닌 내용을 소비자에게 알리는 의도적인 마케팅 활동
- **과장 광고**: 상품이나 서비스에 대한 정보 중 사실을 부풀려 소비자에게 알리는 의도적인 마케팅 활동

홍보는 정말 중요해!

오늘도 어김없이 무역을 위한 시간이 돌아왔다.

"무역에서 성공하려면 꼭 신경 써야 할 게 있단다. 그게 뭘까?"

"좋은 상품 만들기요!"

"당연히 상품이 좋아야겠지. 그거 말고 또 뭐가 있을까?"

민혁이가 자리에서 벌떡 일어서며 말했다.

"홍보를 잘해야 해요!"

"그렇지! 구매자를 사로잡으려면 홍보가 굉장히 중요해. 도깨비 상점에서는 직접 친구들을 만나서 홍보했지만, 이제는 그럴 수 없잖아. 다른 학교까지 직접 갈 수 없으니까 간접적으로 상품을 홍보할 방법을 생각해야 해. 이때 상품을 홍보하는 활동을 **마케팅**이라고 한단다. 자, 글로벌 마켓에서 내 상품을 어떻게 홍보할지 지금부터 열심히 고민해 볼까?"

고개를 끄덕이는 가윤의 눈이 초롱초롱 빛났다.

"온라인 상에서 다른 나라 친구들의 눈길을 끌려면 홍보물을 진짜 잘 만들어야겠네요."

"글도 잘 써야겠어요!"

"상품을 한눈에 파악할 수 있게 하려면 홍보물의 제목과 내용이 매우 중요해. 그리고 홍보물을 볼 친구들도 신경 써야 한단다. 평소 온라인으로 상품을 구매할 때 어땠는지 한번 떠올려 볼까?

그러면 우리가 상품을 홍보할 때 어떤 내용을 넣으면 좋을지 구상하는 데 도움이 많이 될 거야."

"예쁜 상품 사진들이 다양하게 올라와 있었어요."

"아, 가격도요!"

"상품이 여러 개면 번호도 달려 있더라고요."

홍보물은 눈에 잘 들어오게 만들면 된다고 막연히 생각하고 있던 아이들은 달구쌤의 설명에 걱정이 이만저만 아니었다. 상품만 잘 만든다고 되는 게 아니라는 사실이 실감 났고, 경쟁에서 뒤처지면 하나도 못 팔 수 있다는 생각에 두렵기도 했다. 그러자 홍보물을 반드시 잘 만들고야 말겠다는 목표가 확고해졌다.

잘 알려야 잘 팔린다

"이제 상품을 홍보할 때 꼭 넣어야 할 내용을 정리해 볼까? 홍보물에는 우선 상품명이 들어가야겠지? 상품명은 어떻게 정하면 좋을까?"

"어떤 상품인지 잘 알 수 있는 이름으로 정하는 게 좋아요."

철수가 자랑하듯 어깨를 쭉 펴며 말했다.

상품 홍보물에 들어갈 내용

1. 상품명(상품의 특징을 잘 살려서)
2. 상품에 대한 그림 혹은 사진
3. 상품에 대한 설명
4. 상품 가격(잇다 표시, 자기 나라 화폐 표시)
5. 여러 상품일 경우 각 상품에 번호 매기기 등

"눈에 띄도록 자극적인 이름으로 정해요! 그래서 우리는 '무조건 로또 1등 되는 행운 키링'이라고 지었어요."

"그건 거짓말이잖아. 사면 무조건 로또 1등이 되는 열쇠고리가 어디 있냐!"

"쌤이 봐도 **허위 광고** 같은데? 그런데 허위 광고나 **과장 광고**인지 아닌지 판단하기 애매한 경우가 있으니까 일단은 너희들이 글로벌 마켓에서 상품을 구입할 때도 잘 보고 판단해야 돼."

"쌤, 그래도 '무조건 로또 1등 되는 행운 키링'이라고 써도 되는 거죠?"

달구쌤은 의미를 알 수 없는 묘한 미소를 지은 채 설명을 이었다.

"상품의 이름뿐 아니라 상품을 잘 알 수 있도록 그림이나 사진도 넣어야지. 그리고 상품에 대한 설명을 짧고 간결하게 넣어야 해. 또 절대 빼놓으면 안 될 게 있지?"

"가격이요!"

"쌤, 상품의 가격은 잇다로 써야 하죠?"

"잇다로 쓰고 그 옆에 환타국 화폐인 캔으로도 써 주자. 그러면 다른 나라 친구들이 자기 나라 화폐 가치랑 비교해 볼 수 있을 거야. 마지막으로 하나의 홍보물에 판매할 상품을 여러 개 넣을 계획이라면 상품마다 번호를 매겨 주는 게 좋아. 그래야 고객이 주문할 때 헷갈리지 않으니까."

달구쌤의 설명을 하나라도 놓칠까 봐 집중해서 듣던 지훈이가 손을 들고 질문을 던졌다.

"쌤, 저희는 서비스로 방탈출 게임을 진행할 예정인데, 그것도 홍보물에 넣을까요?"

"당연히 넣어야지! 방금 쌤이 설명한 것들은 꼭 넣어야 하는 필수 정보고, 그 외의 정보들은 너희들이 잘 판단해서 자유롭게 넣으면 된단다."

"네!"

"홍보물을 다 만들었다면 글로벌 마켓 게시판에 올려야 하는데, 이때도 꼭 넣어야 할 것들이 있어."

> **홍보물을 게시판에 올릴 때 꼭 넣어야 할 내용**
>
> 1. 나라 이름과 상품명
> 2. 고객들이 상품을 주문하는 방법
> (나라 이름/주문자 이름/상품 번호와 개수/기타 사항)

"게시물 제목에는 반드시 나라 이름과 상품명을 적어야 해. 그러니까 우리는 환타국이라고 적어야겠지. 그리고 고객들이 주문하는 방법도 넣어야 해. 안 그러면 환타국 수출품이 엉뚱한 나라로 배달될 수도 있거든. 혹시 더 궁금한 거 있니?"

"쌤, 혹시 미리캔버스로 홍보물을 만들어도 되나요?"

"당연히 됩니다."

슬아가 뺨을 두 손으로 감싸며 눈살을 찌푸렸다.

"혹시 오늘 안에 못 만들면 어떻게 해요?"

"그러면 이번 주말 동안 완성한 뒤 집에서 업로드 하면 된단다. 또 질문 있니?"

"없어요!"

"그러면 지금부터 홍보물을 제작해 볼까?"

홍보물 제작 천재의 활약

아이들은 본격적으로 홍보물을 제작하기 시작했다. 추리왕 코단 랜덤 박스 팀도 자연스럽게 지훈이의 자리로 모였다.

"드디어 나의 능력을 보여 줄 때가 됐군!"

"아, 얘 또 잘난 척이야!"

"뭐가? 내가 잘하는 건 사실이잖아."

민혁이와 가윤이가 다투는 사이, 지훈이는 달구쌤에게서 노트북을 빌려 왔다. 그러자 민혁이는 잽싸게 노트북을 켜고 미리캔버스에 접속했다. 머릿속에 구상한 대로 홍보물을 만들려는 순간, 가윤이가 민혁이를 말렸다.

"우선 홍보물에 어떤 내용을 넣을지부터 함께 의논해야지."

가윤이의 의견에 지훈이는 흔쾌히 찬성했다. 자신의 능력을 빨리 보여 주고 싶었던 민혁이도 마지못해 동의했다.

"랜덤 박스 사진은 당연히 넣고……."

"이벤트 소개도 들어가야지! 넌센스 퀴즈랑 방탈출 게임을 한다고 꼭 넣어야 해. 이거 보면 하고 싶은 애들이 많을 것 같으니까 좀 크게 넣자!"

"그리고 주문 방법이랑 가격도 넣어야지."

"캐릭터랑 재미있는 대사도 넣자! 캐릭터는 내가 노트북으로 만들어 볼게."

홍보물에 들어갈 내용들을 정하자마자 민혁이가 현란한 손놀림으로 홍보물을 제작하기 시작했다. 그 옆에서 가윤이와 지훈이는 그때그때 떠오르는 아이디어들을 보탰다. 민혁이는 간혹 홍보물 제작에 필요한 자료들을 부탁하기도 했다. 이번만큼은 민혁이가 시키는 일을 모두가, 특히 가윤이가 군말 없이 따랐다.

세 사람의 의견이 하나씩 하나씩 보태지면서 홍보물은 어느새 모양을 잡아갔다. 마지막으로 민혁이가 추리왕 코단 랜덤 박스의 가격을 홍보물에 적었다. 그리고 흐뭇한 미소를 지었다.

지훈이가 입을 떡 벌리고 엄지손가락을 세웠다.

"우와, 예상한 것보다 훨씬 더 훌륭한데?"

"어때? 괜찮지? 후훗."

"그러면 이제 뭐 해야 돼?"

가윤이가 환하게 웃으며 대답했다.

"홍보물을 글로벌 마켓에 올리라고 하셨어."

"맞다, 맞다! 얼른 올리자!"

세 사람은 자신들이 만든 홍보물을 보고 다른 나라 친구들의 주문이 물밀듯이 몰려들 상상에, 엄청난 수출로 부자가 될 생각에 가슴이 두근거렸다.

 잠깐, 환율이 변했어요!

하루빨리 글로벌 마켓에서 활동하고 싶었던 세 명의 추리왕 코단 랜덤 박스 팀 사장님들은 아침이 오길 손꼽아 기다렸다. 하지만 설레는 마음으로 등교한 그들을 기다린 건 생각지도 못한 소식이었다.

"애들아, 우리 글로벌 마켓에 올릴 홍보물을 수정해야 해."

"네? 홍보물을 수정한다고요?"

달구쌤의 갑작스런 발표에 교실엔 정적만 흘렀다. 목적지까지 열심히 달리던 말의 고삐를 반대편으로 잡아당긴 것 같은 상황에 환타국 학생들 모두 당황했다.

"다행히 수정할 건 많지 않아. 잇다 표시 가격만 조금 수정하면 되거든."

"왜요?"

"지난번에 환율은 계속 변한다고 했던 거 기억하지? 글쎄, 쌤이 깜빡하고 환율을 신경 쓰지 못하고 있었는데, 금주의 환타국 환율이 1잇다에 2캔으로 올랐더라고."

> 1잇다 : 1.5캔 ⟶ 1잇다 : 2캔

"환율이 올랐다고요?"

"그래, 환율이 올랐어. 그 바람에 환타국 캔의 가치가 떨어져서 1잇다를 사기 위해 더 많은 캔이 필요해졌지."

"쌤, 환율이 왜 올랐는데요?"

"최근에 환타국 임금도 오르고 이벤트도 많아지는 통에 캔이 많이 풀리면서 가치가 떨어졌거든."

"그럼 상품 가격은 지난번에 알려 주신 방식으로 계산하면 되는 거죠?"

"맞아! 환율 계산 방법은 똑같아. 그냥 숫자만 바꿔서 다시 계산하면 된단다."

추리왕 코단 랜덤 박스 팀은 달구쌤의 설명을 듣고 랜덤 박스의 잇다 표시 가격을 다시 계산했다. 계산을 끝낸 지훈이가 연필을 책상에 탁, 소리 나게 내려놓았다.

"뭐야? 300잇다로 낮아졌잖아! 혹시 손해 보는 거 아닐까?"

"어차피 우리는 캔으로 받잖아. 그래서 환율과 상관없이 600캔 그대로 받으니까 똑같은 거 아니야?"

가윤이의 지적에 지훈이가 고개를 갸웃하다 이내 끄덕였다.

"그러네, 어차피 우리가 버는 돈은 똑같구나. 크게 신경 쓸 필요 없겠다."

"예전에 뉴스 보니까 환율이 갑자기 많이 오르면 안 좋은 점도 많다고 했는데……."

민혁이는 예전에 환율 관련 뉴스에서 얼핏 들었던 내용을 떠올렸다. 환율이 갑자기 오른 상황에 대해 앵커가 부정적으로 말했던 게 기억났지만 정확한 내용은 떠오르지 않았다. 그래서인지 찝찝한 기분이 들었다. 하지만 이내 지훈이처럼 더 이상 신경 쓰지 않기로 했다.

세 사람은 홍보물의 가격을 수정한 뒤 달구쌤의 안내에 따라 홍보물을 올리기 위해 글로벌 마켓에 접속했다.

[추리왕 코단 랜덤 박스 판매 광고 이미지 — 엄청난 구성품! (공룡 피규어, 과자, 포토카드, 열쇠고리, 손풍기, 방탈출 게임 초대장!) 가격:300잇다]

 무역 전쟁 속으로!

벌써 글로벌 마켓 게시판에는 금교잇 참가 학생들의 게시글이 제법 올라와 있었다. 추리왕 코단 랜덤 박스 팀처럼 랜덤 박스 게시글도 여러 개 보였다. 자신들의 기발한 아이디어에 스스로 탄

복하여 자신감이 넘쳤던 추리왕 코단 랜덤 박스 팀은 게시판을 보며 슬슬 걱정에 휩싸였다. '혹시 잘 안 팔리면 어쩌지?' '우리가 경쟁에서 이길 수 있을까?'

민혁이가 게시물 작성 완료 버튼을 누르는 순간, 지훈이와 가윤이는 침을 꼴깍 삼켰다. 드디어 추리왕 코단 랜덤 박스의 홍보물이 글로벌 마켓에 등록되었다.

이제 진짜 경쟁에 돌입했다. 세 사람은 점점 커지는 걱정을 안고 글로벌 마켓에 등록된 게시글들을 하나씩 살펴보느라 자리를 뜨지 못했다. 특히 랜덤 박스 게시글들은 더 신경 써서 읽었다. 경쟁사의 게시글에 눈길이 가는 건 어쩔 수 없었다.

"그래도 우리 아이디어가 제일 좋아 보이지?"

긴장한 듯한 지훈이의 말에 민혁이는 애써 걱정을 숨기며 목소리에 힘을 주었다.

"제일 좋아! 다른 것들은 그냥 랜덤 박스잖아. 우리는 특별한 랜덤 박스니까, 애들도 우리 상품을 더 좋아할 거야!"

"게다가 우리 랜덤 박스가 다른 것들보다 조금 더 싸잖아."

"그러네!"

"여기 누리국 대박 팀에서 만든 랜덤 박스의 가격을 보니까

350잇다야."

"정말이네. 그럼…… 우리 랜덤 박스 가격을 좀 더 올려 볼까?"

"무슨 소리야! 우리 랜덤 박스 가격이 쟤네들보다 싸야 더 많이 팔릴 텐데? 그냥 이대로 한번 팔아 보자!"

가윤이의 말에 지훈이는 흔들리는 마음을 다잡았다.

"그래, 일단 해 보자! 매일 글로벌 마켓에 들어가서 게시글을 확인하고, 댓글이 달리면 성심성의껏 응대하는 거야."

"얘들아, 너무 걱정하지 마! 내가 홍보물을 기막히게 만들었잖아. 분명 게시글을 보고 반해서 많이들 살 거야!"

홍보물을 글로벌 마켓에 올리고 나니 어느새 6교시 마치는 종소리가 들렸다. 달구쌤의 하교 안내에 따라 학생들은 책상을 정리했다.

"오늘 다 못 한 팀은 이번 주말 동안 꼭 업로드 완료하도록! 드디어 다음 주부터 무역 주간이다."

궁금해요, 나영쌤 ❻ 상품 판매와 마케팅

마케팅이 뭐죠?

재화든 서비스든 판매하기 위해서는 마케팅이 필요합니다. 마케팅은 상품을 사람들에게 널리 알리는 거예요.

마케팅을 하려면 우선 해당 상품을 어떤 사람들이 구매해서 사용하는지 고객 조사부터 해야 합니다. 마케팅의 목표가 되는 고객을 찾아야 하니까요!

그리고 이에 맞는 마케팅 수단도 정해야 해요. 직접 제품을 보여 주거나 전단지를 붙이는 것, 유튜브나 방송을 통해 제품을 보여 주는 것, 버스나 지하철에 제품 광고를 싣는 것 등 마케팅 방법은 무척 다양합니다.

예를 들어, 고양이 옷을 마케팅해 볼게요. 이 제품은 고양이를 키우지 않는 사람들을 목표로 해서는 효과가 적을 거예요. 그러니까 반려동물을 들이는 게 허용되지 않는 아파트에 전단지를 붙인다면 효과 없겠지요. 그보다는 반려동물이 허용되는 아파트나 시설 등을 찾아 전단지를 붙이는 게 효과 있을 거예요.

마케팅에서 고려해야 할 요소

어떤 상품이나 서비스를 판매하거나 제공할지, 가격은 얼마로 할지, 어느 곳에서 판매하거나 제공할지를 정한 뒤 이러한 정보들을 담아서 홍보해야 합니다. 이 모든 과정이 마케팅이라고 할 수 있어요.

가격을 정할 때는 수요 조사가 필요해요. 고객이 될 만한 사람들에게 상품을 보여 주고 얼마를 지불할 수 있는지, 의향을 물어보세요. 대다수 사람들이 지불하려는 가격보다 비싸면 잘 팔리지 않을 테니까요. 또 비용도 고려해야 합니다. 생산에 들어간 비용보다는 비싸게 팔아야 할 테니까요. 이런 것들을 모두 고려해서 가격을 정합니다. 물론 판매 결과에 따라 가격을 조정할 수도 있어요.

상품을 판매할 장소는 어떻게 정할까요? 목표 고객들이 쉽게 접할 수 있는 장소를 찾아서 배치해야 해요. 판매 상품과 함께 사용하면 좋은 상품이 있다면 함께 파는 것도 좋아요. 스파게티 소스 옆에 스파게티 면이 있으면 더 잘 팔리겠죠?

다양한 마케팅 수단

사용 후기는 좋은 마케팅 수단이 됩니다. 상품의 장단점을 파악하는 데 사용 후기만큼 유용한 것도 없으니까요.

이를 위해 목표 고객과 유사한 사람들을 체험단으로 모집합니다. 상품을 미리 사용하게 한 뒤 그들의 의견을 듣고, 그에 따라 제품을 보완해도 좋아요.

체험단 고객들에게 자신의 블로그, 상품 판매 사이트, SNS 등에 후기를 남겨달라고 해도 좋아요. 체험단을 목표 고객과 비슷한 사람들로 꾸릴수록 입소문이 나기 수월합니다. 잠재 고객들에게 체험단이 상품을 사용하는 모습이나 사용 후기가 직간접으로 전달되기 때문이죠.

　목표 고객들의 특성을 반영한 전단지를 만들어서 그들이 자주 이용하는 시설 등에 붙이는 방법도 있어요. 또 기사를 작성해 언론에 실을 수도 있겠지요. 영상을 촬영해서 유튜브나 SNS에 올리는 방법도 활용할 수 있습니다. 영상이 화려할 필요는 없어요. 제품 특징이 잘 드러나는 간단한 영상이면 충분합니다. 휴대폰으로 찍어도 좋아요!

관련 교육 과정

초등학교
- 사회 6학년 1학기 2. 우리나라의 경제 발전

중학교
- 사회2 10. 국민 경제와 국제 거래

귀띔 무역 용어

- **이자:** 돈을 빌린 대가로 지불하는 돈
- **판매 대금:** 상품을 판매하고 받은 돈
- **이자율:** 원래 빌린 돈에 대한 이자의 비율

이제부터 시작이야

지훈이는 글로벌 마켓에 게시글을 올린 뒤로 엄청난 긴장감에 시달리고 있었다. '판매는 잘될까?' '아무도 주문을 안 하면 어쩌지?' '홍보물이 별로인가? 지금이라도 수정할까?' 등 걱정이 이만저만 아니었다.

"얘들아, 우리 잘될까? 안 되면 어쩌지?"

"당연히 잘되지! 우리가 얼마나 잘 만들었는데."

우울한 생각에 짓눌렸던 지훈이는 민혁이의 긍정적인 사고와 넘치는 자신감에 살짝 마음이 놓였다.

"난 주문이 너무 많이 들어오면 어쩌나 걱정이라고. 으아, 주문이 미친 듯이 폭주하면 랜덤 박스를 다 못 만들 수도 있겠는데?"

"설마 그렇게나 인기가 많을까? 막 주문이 폭발할 것 같진 않은데……."

"무슨 소리야! 잘된다니까! 느낌이 딱 왔어."

"일단 10개 정도 만들어 놨으니까 그때까지는 괜찮을 거야. 그 후에 주문이 더 들어오면 빨리 만들자. 그리고 순서를 정해 한 명씩 돌아가면서 주문 댓글을 확인하는 게 어때?"

가윤이의 깔끔한 상황 정리와 함께 세 사람은 역할을 분담했다. 하루에 한 명씩 글로벌 마켓에 들어가서 주문을 확인하기로 했다.

"내가 먼저 시작할게! 첫 주문은 꼭 내가 확인하고 싶거든."

"그래, 지훈아, 네가 먼저 시작해."

지훈이는 6교시 수업이 끝나자마자 휴대폰을 켜고 주문을 확인했다. 하지만 주문글은커녕 질문글도 없었다. 조금 실망스러웠지만 이제 막 홍보물을 올렸으니 당연한 거라며 곤두서는 마음을 애써 다독였다.

두근두근, 첫 주문!

지훈이는 학원을 마치고 집으로 돌아가는 길에도 글로벌 마켓에 접속해 주문을 확인했다. 하지만 여전히 아무런 글도 달리지 않았다. 게시글 조회 수가 100이 넘었는데 아무도 주문을 안

하다니! 조금씩 자신의 걱정이 현실화되는 건 아닌가 두려웠다. '왜 아무도 주문을 안 하지? 홍보물을 본 사람들이 이렇게 많은데……. 이러다가 지난번처럼 또 망하면 어쩌지?'

침대에 누워 잠을 청하면서도 머릿속은 온통 글로벌 마켓 생각뿐이었다. '주문이 들어왔을까? 한 번만 더 확인해 볼까? 주문했는데 답이 없어서 취소할 수도 있잖아.'

지훈은 마지막으로 주문을 확인했다.

"앗, 글이 달렸어!"

> 누리국_김지혜   방탈출 게임은 어떻게 받을 수 있나요?

비록 주문은 아니었지만 기다리고 기다리던 선물을 받은 것처럼 기뻤다. 그래서 지훈이는 단숨에 답글을 달았다.

> 누리국_김지혜   방탈출 게임은 어떻게 받을 수 있나요?
> ↳ 작성자   안녕하세요, 고객님?
> 구매하신 랜덤 박스 안에 QR 코드가 들어 있습니다.
> 그 QR 코드를 통해 방탈출 게임에 참여하실 수 있습니다.

답글을 달고도 지훈이는 바로 잠들지 못했다. 몇 번이고 댓글을 확인하며, 부디 자신이 쓴 답글을 보고 주문이 들어오길 간절히 바라며 잠이 들었다.

다음 날, 늦잠을 잔 지훈이는 허겁지겁 등굣길에 나섰다. 간신히 늦지 않게 교실에 들어선 지훈이를 가윤이가 불렀다.

"지훈아! 주문 들어온 거 봤어?"

"뭐? 주문이 들어왔다고? 정말?"

"응! 여기 봐. 댓글로 누리국 김지혜가 랜덤 박스를 주문했어!" 가윤이의 말처럼 정말로 주문 댓글이 달려 있었다. 주문을 확인한 지훈이는 뛸 듯이 기뻤다. 지훈이뿐만 아니라 민혁이의 얼굴에도 웃음꽃이 한가득 피었다.

"내 말이 맞지? 우리 사업은 무조건 잘 된다니까!"

평소 논리적인 말로 아이들의 흥분을 가라앉히던 가윤이가 이번에도 설레발 치는 민혁이를 곁눈으로 쳐다봤다.

"이제 겨우 주문 하나 들어왔다, 하나!"

말은 퉁명스러웠지만, 가윤이의 입꼬리는 하늘 높은 줄 모르고 올라가 있었다.

"그런데…… 내가 생각해도 주문이 계속 들어올 것 같아!"

이어진 가윤이의 말에 민혁이와 지훈이가 큰 소리를 내며 웃었다.

"하하, 진짜 완판되면 좋겠다."

"수업 마치면 다시 확인해 보자!"

종례가 끝나자마자 세 사람은 누가 먼저랄 것도 없이 한자리에 모였다. 그리고 숨죽여 지훈이의 휴대폰 화면을 쳐다봤다. 그 사이에 주문 댓글이 3개나 더 달려 있었다. 게다가 그중 하나는 랜덤 박스를 한 번에 2개나 주문했다.

"벌써 주문이 몇 개나 들어온 거야? 1개, 2개, 3개, 4개, 5개! 5개나 팔렸어!"

"재고가 10개나 있어서 충분해. 그래도 혹시 모르니까 조금 더 만들어 놓을까?"

"좋아! 그러면 집에 가기 전에 교실에서 만들고 가자."

세 사람은 달구쌤에게 말씀드린 뒤 학원 가기 전 자투리 시간을 활용해서 추가로 5개의 랜덤 박스를 더 만들기로 했다.

수출을 많이 해야 이득?

방탈출 게임 초대장을 랜덤 박스에 챙겨 넣던 지훈이가 문득 생각난 듯 물었다.

"그런데 다른 팀들은 얼마나 팔았을까? 우리만큼 많이 판 팀은 없겠지?"

"슬아랑 나연이네 '다만들어줌' 팀은 주문을 굉장히 많이 받은 것 같더라."

"걔네는 또 대박 났구나? 하긴 도깨비 상점에서도 많이 팔렸으니 글로벌 마켓에서도 인기 많겠지."

"그런데 재원이의 '수제 포토 카드'는 망한 것 같더라고. 아직까지 주문이 하나도 안 들어왔대."

가윤이가 눈을 동그랗게 뜨고 민혁이를 쳐다봤다.

"정말? 원하는 캐릭터를 그려 주는 사업이라 인기 있을 줄 알았는데……."

"내 생각엔 비싸서 잘 안 팔리는 것 같아. 500잇다나 하잖아."

"하긴, 그림 그리는 게 품이 많이 들고 시간도 오래 걸려서 싸게 못 팔겠구나."

"게다가 그림을 잘 그리는지 못 그리는지 확실히 알기 어려워서 주문이 더 안 들어오는 것 같아. 아무래도 재원이의 수제 포토 카드는 글로벌 마켓보다 도깨비 상점에 더 맞지 싶다."

숫자에 밝은 민혁이가 제일 먼저 성과 얘기를 꺼냈다.

"부디 수출이 잘 돼서 환타국이 돈을 제일 많이 벌면 좋겠어."

그 말에 지훈이는 고개를 갸웃하며 흐음, 소리를 냈다.

"그러면…… 수입을 적게 하는 게 좋은 건가?"

"어라, 생각해 보니까 그러네? 그럼 이제부터 사고 싶은 게 있어도 꾹 참고 수출만 해야겠다."

지훈이와 민혁이의 대화를 듣고만 있던 가윤이가 말했다.

"에이, 그럴 수는 없지. 우리도 사고 싶은 게 많잖아. 그걸 어떻게 참냐? 그리고 수출이 있으면 당연히 수입도 있는 거지. 그것도 몰라? 무역은 서로 교환하는 거잖아."

그 말에 머쓱해진 지훈이가 슬그머니 뉴스로 화제를 돌렸다.

"얼마 전에 본 뉴스에서 우리나라도 수출이 줄면 큰일이라고 하더라."

"나도 봤어! 우리나라가 보유한 달러가 줄어드니까 수출을 늘려야 한다더라고. 역시 수출은 무조건 많을수록 좋고, 수입은 적을수록 좋은 게 맞아!"

"내 생각에 그건 아닌 것 같아. 분명 수입도 중요하다니까. 아무래도 내일 쌤한테 여쭤봐야겠어."

"우리는 주문을 많이 받는 게 제일 좋은 거 아니야? 그러니까 일단은 랜덤 박스나 잘 만들자."

민혁이가 지훈이의 말에 동의를 표했다.

"그러자! 수출 많이 해서 돈이나 많이 벌자!"

"그래, 돈 많이 벌어서 도깨비 상점에서 쓰자!"

다음 날, 달구쌤은 아이들의 금교잇 활동을 확인했다.

"다들 주문은 좀 받았니?"

"저희는 곧 완판될 것 같아요!"

달구쌤의 질문에 민혁이가 큰소리로 대답했다. 그러자 환타국 학생들이 환호성을 질렀다.

"우와, 부럽다!"

"주문을 얼마나 받은 거야?"

"역시! 쌤은 사업계획서를 볼 때부터 너희들을 믿었지. 하하하."

창업 어벤저스는 서로를 쳐다보며 환한 미소를 지었다.

"그나저나 쌤이 글로벌 마켓을 살펴보니까 환타국 친구들은 수출에만 너무 열중해서인지 다른 나라에서 수입을 별로 안 했더라."

"사고 싶긴 한데 생각보다 가격이 비싸서 고민 중이에요."

"그래도 수출뿐 아니라 수입을 경험하는 것도 의미 있으니까 하나라도 사 보자. 쌤이 지금부터 시간을 줄 테니까 다른 나라 친구들이 판매하는 물건들을 살펴보고 마음에 드는 게 있다면 구입해 볼까?"

수입하는 재미에 푹 빠지다

달구쌤의 말이 끝나자마자 민혁이가 손을 번쩍 들고 어제 궁금했던 이야기를 꺼냈다.

"그런데요, 쌤, 수출만 하는 게 이득 아닌가요? 수출은 돈을 버는 거지만, 수입은 반대로 돈을 쓰는 거잖아요. 그러니까 수입은 안 하는 게 좋은 거 아닌가요? 저는 환타국이 다른 나라보다 더 많은 이득을 남겨서 1등 하면 좋겠어요!"

"물론 사업을 하는 입장에서는 수출을 많이 하는 게 이득이지. 하지만 환타국을 생각하면 과연 그럴까?"

"수출을 많이 해서 잇다를 많이 버는 게 좋잖아요."

철수의 대답을 듣고 달구쌤이 한쪽 눈썹을 추어올렸다.

"우리는 왜 열심히 경제 활동을 해서 돈을 벌까?"

"잘 먹고 잘살려고요!"

"수출을 열심히 해서 잇다를 많이 버는 이유도 잘 먹고 잘살기 위해서 아니야?"

"맞아요."

달구쌤은 아이들을 다정한 눈빛으로 쳐다봤다.

"잘 먹고 잘살려면 원하는 걸 사고 누려야 하지 않을까? 그러려면 다양한 상품과 서비스가 필요하지. 벌어들인 잇다로 다른 나라 상품을 수입하면 그만큼 선택의 폭이 넓어지니까 더 잘 먹고 잘살 수 있지 않을까?"

민혁이는 곰곰이 생각하다 고개를 크게 끄덕였다.

"그렇네요."

"하나 더 얘기하자면, 우리가 가지고 있는 자원만으로 만들 수 있는 물건에는 한계가 있어. 이럴 때 다른 나라에서 부족한 자원을 수입하면 훨씬 더 질 좋고 다양한 물건을 값싸게 만들 수 있단다."

"수입도 꼭 필요한 거네요. 그럼 저도 마음껏 사 볼게요!"

"참, 주문할 때는 꼭 판매자가 안내한 양식대로 댓글을 달도록 하자. 안 그러면 주문한 물건이 엉뚱한 나라로 배달될 수도 있거든."

민혁이는 재빨리 태블릿 PC로 글로벌 마켓에 올라와 있는 물건들을 전투적으로 살펴봤다.

"우와, 왕달고나가 있었네!"

민혁이의 눈에 가장 먼저 띈 상품은 왕달고나였다. 드라마를 보고 한번쯤 먹어 보고 싶었던 터라 글로벌 마켓에서 보니 반가웠다.

"으악, 가격이 400잇다라고? 그러면…… 800캔이잖아! 매주

기본급을 500캔 받고 세금으로 200캔이 나가니까, 2주 동안 안 쓰고 모아도 어림없겠네. 도대체 왜 이렇게 비싼 거야!"

 민혁이는 고민 끝에 태희를 찾아갔다. 태희는 요즘 귀찮은 일을 도맡아서 해 주는 '토탈 비서 서비스'로 쏠쏠하게 벌었을 테니, 분명 빌려줄 돈이 있을 거라고 생각했기 때문이다.
 "태희야, 나 돈 좀 빌려줘!"
 "돈? 얼마나?"
 "800캔, 아니다, 다른 것도 사야 하니까 1,500캔만 빌려줘!"

"1,500캔? 빌려 가면 갚을 수는 있고?"

"당연하지! 내가 지금 가윤이랑 지훈이랑 같이 사업하는 거 알지? 우리 지금 거의 완판이라고. 그러니까 갚을 수 있어!"

"그래? 알았어. 그런데 **이자**가 붙는 건 알고 있지?"

"이자? 이자가 얼만데?"

"언제 돈을 갚을 수 있는데?"

"**판매 대금**이 들어오면 바로 갚을게."

"그러면 이자로 100캔만 줘. 다음 주에 원금이랑 이자 합쳐서 1,600캔 주면 되겠다."

"1,500캔 빌려주고 일주일에 100캔을 이자로 받는다고? 일주일에 100캔 받으면 1년에 5,200캔(52주×100캔) 이자를 받는 셈이네! 그러면 **이자율**이 300%가 넘는 거잖아. 이건 엄연히 불법이야! 정태희, 이자를 너무 많이 받는 거 아니야?"

"불법이라고? 어…… 그러면 이자로 얼마나 줄 수 있어?"

"요즘 은행에서 돈 빌리면 이자로 1년에 4% 정도 내지만, 내가 인심 써서 50캔 줄게. 괜찮지?"

"그, 그래, 알았어."

민혁이는 금융 지식과 현란한 말솜씨로 돈을 빌렸다. 그리고 그 돈으로 꼭 먹고 싶었던 왕달고나를 주문했다.

가윤이는 열쇠고리와 포토 카드를 살펴보고 있었다. 특히 직접 그린 포토 카드가 굉장히 마음에 들었다. 그래도 바로 주문하지 않았는데, 이번 금교잇 무역 기간에는 1,000캔까지만 쓰기로 결심했기 때문이다. 그래서 가윤이는 포토 카드를 찜해 둔 채 다른 상품들도 신중하게 둘러보았다.

"지훈아, 너는 뭐 샀어?"

어느새 다가온 민혁이가 지훈이의 책상에 기대어 섰다.

"나? 아무것도 안 샀어."

"왜? 마음에 드는 게 없어? 나는 왕달고나랑 포토 카드 사는 데 1,500캔이나 썼어."

"1,500캔? 그렇게나 많이?"

민혁이가 어깨를 가볍게 으쓱해 보였다.

"사고 싶은 게 많더라고. 그나저나 너는 안 사고 뭐 했어?"

"다른 랜덤 박스들 좀 살펴보고 있었어."

"다른 랜덤 박스? 아, 우리 경쟁사들!"

"응! 다행히 우리가 꽤 많이 판 거 같아. 한두 개밖에 못 판 곳도 있더라고."

"그러면 우리보다 더 많이 판 곳도 있어?"

"응, 거기는 완판이라고 뜨더라. 가격이 아주 싸서 완판된 것 같아. 내가 볼 때는 우리 랜덤 박스가 훨씬 좋아."

"당연하지! 우리 랜덤 박스가 최고라니까."

    수업이 끝날 때까지 가윤이는 상품들을 살펴보고 메모장에 장단점을 적어 가며 비교했다. 그런 뒤 가장 마음에 드는 상품으로 주문했다.

    지훈이는 민혁이의 설득에 넘어가 왕달고나를 샀지만, 그 외에 다른 상품은 사지 않았다. 글로벌 마켓에 올라온 다양한 상품들을 사는 게 즐거운 친구들과 달리 지훈이는 상품을 파는 게 훨씬 더 재미있었기 때문이다.

궁금해요, 나영쌤 7

수출과 수입의 균형

서로 수출만 많이 한다면?

활발했던 국제 거래는 제 1차 세계 대전 이후 주춤해졌어요. 전쟁이 있으면 아무래도 서로 선을 긋고 자국의 이익을 최우선으로 고려하게 되니까요. 또 이때 세계 대공황이 맞물려 일어났습니다. 1929년 미국에서 시작된 경제 위기는 전 세계로 퍼져나갔죠. 그 당시엔 '이웃 나라 거지 만들기(Beggar-thy Neighbor)' 정책을 통해 자국이 잘살아야겠다는 생각을 많이 했어요.

'이웃 나라 거지 만들기'라니 참 웃기지만, 정말 이런 용어를 썼어요. 가능한 자국의 상품을 이웃 나라에 많이 팔고, 이웃 나라의 상품은 가능한 적게 사서 돈을 많이 벌고 싶어 했거든요! 이를 위해서 외국에서 상품이 들어올 때 세금을 엄청 많이 매겨서 비싸게 만들었어요. 비싸면 덜 팔릴 수밖에 없는 점을 노린 거였죠.

그런데 이런 생각을 모든 나라가 하고 있다면 어떻게 될까요? '우리만 돈 많이 벌어야지.'라는 계획은 수포로 돌아가고, 이전보다 덜 다양한 제품을 소비하게 될 거예요. 이래저래 손해입니다. 그러니까 수출은 많이, 수입은 적게 하자는 생각은 교역의 축소와 더불어 모두의 손실로 끝난답니다.

흑자? 적자?

무역을 할 때 수출과 수입의 규모는 비슷하게 유지하는 게 좋아요. 수입은 많고 수출은 적어서 수입액이 수출액보다 큰 걸 무역 적자라고 해요. 들어온 돈이 나간 돈보다 더 적은, 마이너스(-) 상태예요. 이와 반대로 수출이 많고 수입이 적어 수출액이 수입액보다 큰 걸 무역 흑자라고 해요. 들어온 돈이 나간 돈보다 더 많은, 플러스(+) 상태를 말합니다.

진정한 무역왕

앞서 친구들이 무역왕이 되고자 노력했잖아요? 무역을 잘 하려면 수출만 많이 해서는 안 돼요. 돈을 많이 번다고 진정한 무역왕이 될 수 있는 게 아니거든요.

오히려 수출과 수입이 균형을 이루면서 전반적으로 무역 규모가 클 때 될 수 있답니다. 그래야 무역의 이득을 충분히 누릴 수 있거든요.

우리나라에 없는 물건들, 외국에서 더 싸게 만든 물건들을 수입해서 소비하면 그 자체로 이득입니다. 다양한 물건들이 수입되고 자유롭게 소비하게 되면 사람들은 적은 비용으로 더 많은 기쁨을 누릴 수 있으니까요.

무역은 돈을 많이 쌓아 두는 게 아니라 더욱 풍족하게 재화와 서비스를 소비하며 행복을 누리는 데 그 목표가 있다는 점, 꼭 기억하면 좋겠어요.

관련 교육 과정

초등학교
- 사회 5학년 1학기 2. 인권 존중과 정의로운 사회
- 사회 6학년 1학기 1. 우리나라의 정치 발전
- 사회 6학년 1학기 2. 우리나라의 경제 발전
- 수학 6학년 1학기 4. 비와 비율

중학교
- 사회2 3. 정치 생활과 민주주의
- 사회2 10. 국민 경제와 국제 거래
- 수학1 2. 문자와 식
- 수학2 3. 함수와 그래프

귀띔 무역 용어

- **무역 분쟁:** 나라 간 수출입 등 무역으로 인해 발생한 분쟁

땅 파서 장사하는 것도 아니고

여기는 화폐 '골드'를 쓰는 감사국. 열쇠고리 사업을 운영하는 준우는 밀려드는 주문에 기쁨의 비명을 지르고 있었다.

"우와! 주문이 벌써 20개나 들어왔어!"

"많이 들어오면 뭐하냐? 어차피 이윤도 안 남는데……."

여경이의 핀잔에도 아랑곳하지 않고 준우는 밀려든 주문에 즐거워했다.

"그래도 많이 팔면 좋잖아."

사실 금교잇 무역에 참가하기 위해 '블링키링'을 만들 때만 해도 여경이는 누구보다 열정적이었다. 하지만 글로벌 마켓에 올라온 환타국 상품 광고를 보고 난 뒤로 열정이 확 식어 버렸다.

"좋긴 뭐가 좋아! 200잇다에 팔면 남는 게 없잖아. 우리는 뭐 땅 파서 장사하냐?"

"그래도 안 팔리는 것보다 팔리는 게 훨씬 낫잖아."

준우의 속없는 말에 여경이는 결국 한숨을 내쉬었다.

"에휴, 차라리 쌤한테 말해 보자! 나는 이 상황이 도저히 이해 안 돼!"

"뭐라고 말씀드릴 건데?"

"열쇠고리를 200잇다에 팔면 남는 게 하나도 없는데, 환타국 때문에 싸게 팔 수밖에 없다고 말씀드려야지. 어떻게 쟤네들은 저렇게 싼 가격에 팔 수 있지?"

주문을 정리하던 준우가 고개를 들고 대답했다.

"비용이 적게 들면 그럴 수 있을 것 같아."

"우리 열쇠고리랑 환타국 열쇠고리랑 뭐가 크게 다르다고 비용이 차이 나겠냐!"

"하긴……. 나도 어째서 저렇게 싸게 팔 수 있는 건지 이해가 안 되긴 해."

여경이는 이대로 있으면 안 되겠다고 결심했다. 그래서 곧장 감사국 담임 교사인 나영쌤을 찾아가 자신들의 어려움을 토로했다.

📘 팔면 팔수록 손해

"쌤, 드릴 말씀이 있어요."

"어머, 얘들아, 무슨 일이야?"

"다름 아니라 저희가 조금 억울한 게 있어서요."

나영쌤이 다정한 눈길로 여경이와 준우를 바라보았다.

"뭐가 억울할까?"

"저희가 글로벌 마켓에서 열쇠고리를 팔고 있거든요. 그런데 팔아도 남는 게 하나도 없어요. 그래서 팀원들 모두 불만이 엄청나게 쌓였어요."

"너희가 만든 열쇠고리를 보고 다른 반 친구들은 예쁘다고 좋아했잖아. 인기 엄청 많지 않아?"

여경이가 가볍게 한숨을 내쉰 뒤 대답했다.

"인기는 많은데…… 가격이 너무 싸서 남는 게 없어요. 재료비도 안 남을 것 같아요."

"그러면 가격을 좀 더 올리는 게 어때?"

준우가 손을 들어 목덜미를 감싼 채 대답했다.

"저희도 그러고 싶죠. 원래는 이번 무역 주간이 시작할 때의 환율을 고려해 열쇠고리를 300잇다 정도에 팔려고 했어요. 그런데 이번에 새로 참가한 환타국에서 열쇠고리를 150잇다, 200잇다 정도에 판매하더라고요. 그걸 보니까 300잇다로 팔면 아무도 안 살 것 같아서 고민하다 어쩔 수 없이 가격을 낮춰서 팔게 되었거든요. 어휴, 이러다간 고생만 하고 수익이 없을 게 뻔해서 걱정이에요."

처음 환타국 열쇠고리의 가격을 확인한 블링키링 팀 팀원들은 너무 놀라 어쩔 줄 몰라 했다. 예상치 못한 낮은 가격에 사업 전략, 특히 상품 가격을 전면 수정할 수밖에 없었다.

물론 환타국보다 훨씬 나은 디자인에 자신감을 갖고 원래 가격을 유지하자는 의견도 있었다. 하지만 긴 토론 끝에 최종적으로 환타국과 경쟁하기 위해서 가격을 내리기로 결정했다. 그리고 그 결정에 앞장섰던 사람이 바로 여경이었다.

그래서 여경이는 열쇠고리 주문이 들어와도 마냥 신나지 않았다. 게다가 팀원들의 불만 가득한 모습을 보고 있자니, 모든 책임이 자신에게 있는 것만 같아 마음이 무거웠다.

"환타국 쌤은 열쇠고리 만드는 데 들어가는 재료를 공짜로 주시는 게 아닌가 하는 생각도 들더라고요."

여경이가 입술을 삐죽거리며 불만을 토로했다.

"그렇지 않을 거야. 금교잇에 참여하는 쌤들은 공평한 무역 활동을 위해 재료는 절대 공짜로 주지 않기로 약속했거든. 재료 사는 비용은 마지막에 정산할 때 받기로 했고."

"그러면 환타국도 우리처럼 남기는 것 없이 손해 보며 장사하는 걸까요?"

의아한 듯 고개를 갸웃거리며 말하는 준우를 향해 나영쌤은 방그레 미소를 지었다.

"쌤은 어떻게 된 일인지 알 것 같다."

여경이와 준우가 눈을 동그랗게 떴다. 나영쌤은 금교잇 사이트에 접속해서 환율표를 노트북 화면에 띄웠다.

〈금교잇 이번 주 환율〉

나라 이름	화폐 단위	학생 수	금교잇 주차	잇다 대비 환율
감사국	골드	28	28	0.80
환타국	캔	21	3	2.00
누리국	잇다	20	28	1.00
친한나라	밥	20	27	1.58
규칙위반나라	PK	24	28	0.97

"역시 그랬네!"

"쌤, 뭐예요? 얼른 말씀해 주세요!"

"환타국이 같은 상품을 싸게 팔 수 있는 비밀이 바로 여기에 있어."

나영쌤이 아이들에게 환율표를 보여 주었다.

"감사국의 골드는 잇다 대비 환율이 '1잇다=0.8골드'라고 나오잖아. 그런데 환타국의 캔은 '1잇다=2캔'이야."

환타국 열쇠고리 가격의 비밀

여경이가 얼어붙은 것처럼 꼼짝도 않은 채 화면을 응시했다.

"여기 봐 봐. 이번 무역 주간이 시작되기 전에는 환율이 '1잇다=0.8골드=1.5캔'이었는데, 지금 보니까 골드의 환율은 그대로인데 캔의 환율이 '1잇다=2캔'이 되었어."

"정말요? 그러면…… 환타국 캔의 가치가 떨어졌네요."

준우의 말을 들으며 나영쌤은 환율표에 나온 숫자를 손가락으로 차분하게 짚어 보였다.

"맞아. 그런데 환타국 내에서 환타국 자체 상품 가격은 예전과 비슷하잖아."

"쌤, 그게 무슨 뜻이에요?"

"환타국의 초콜릿 쿠키 가격은 예나 지금이나 크게 바뀐 게 없지만, 환율이 변하는 바람에 국제 가격이 변했다는 의미야. 예를 들어, 150캔짜리 초콜릿 쿠키가 수출된다고 할 때, 무역 주간 전에 100잇다였다면 지금은 얼마일까?"

여경이가 재빨리 손바닥에 숫자를 적어 가며 계산했다.

"'1잇다=2캔'이니까 150캔은 75잇다예요!"

"그러면 예전과 비교했을 때 환타국 초콜릿 쿠키의 국제 가격

은 25잇다 싸진 셈이지."

나영쌤의 설명을 듣고 있던 여경이의 눈이 점점 더 커졌다.

"아, 그래서 수출에 유리해진 거군요!"

"맞아. 그러면 우리는 어떨 것 같아?"

준우가 나영쌤을 바라보며 자분자분 대답했다.

"우리도 추파춥스 가격은 예나 지금이나 100골드잖아요. 환율은 무역 주간 전이나 지금이나 '1잇다=0.8골드'니까 수출한다면 125잇다겠죠."

여경이가 아하, 소리를 내며 손뼉을 쳤다.

"감사국 수출품의 국제 가격은 그대로인데 환타국 수출품의 국제 가격은 훨씬 싸졌군요!"

"이제 알겠지? 환타국처럼 화폐의 가치가 낮아지면 수출품의 국제 가격은 싸진단다."

저렴한 환타국 열쇠고리의 비밀을 알게 된 순간 신이 났던 여경이는 이내 시무룩해졌다.

"그러면 어쩔 수 없는 거네요. 감사국의 화폐 가치가 높아서 그런 거니까요."

나영쌤은 어깨를 축 늘어뜨린 채 기운 없이 서 있는 아이들이 안쓰러웠다.

"그래도 감사국의 어려움은 충분히 호소해 볼 수 있을 것 같아. 환율을 조금 조정할 수 있을지도 모르고."

"정말요? 환율도 조정할 수 있어요? 열쇠고리의 잇다 표시 가격을 바꿀 수도 있나요?"

"장담할 수는 없지만, 감사국이 얼마나 힘든 상황인지 잘 설명하면 가능하지 않을까? 대신 우리가 준비할 게 있어."

"뭔데요?"

여경이의 얼굴에 어느새 시무룩한 표정 대신 궁금함과 기대감이 자리했다.

"아무래도 환율 때문에 어려움을 겪는 사업이 블링키링 말고도 더 있을 것 같거든. 다른 친구들이 어떤 어려움을 겪고 있는지 한번 조사해 보면 어떨까?"

"감사국에 힘든 사업체가 많다는 걸 잘 설명하면 뭔가 바뀔 수도 있다는 말씀인 거죠?"

"역시! 괜찮다면 너희들이 블링키링 팀 팀원들과 함께 다른 친구들이 겪고 있는 어려움을 조사해 줄래? 쌤은 환타국과 어떻게 협상을 하면 좋을지 고민하고 준비해 볼게."

"좋아요! 저희가 할게요."

환율 피해를 조사하다

블링키링 팀은 금교잇 무역에 참여하고 있는 친구들과 면담을 가졌다.

"정말? 너희도 그랬어?"

"어휴, 우리만 그런 줄 알았어."

"환타국과 경쟁하느라 얼마나 힘들었는데······."

준우는 친구들의 이야기에 귀 기울이며 질문을 조율했다.

"어떤 점이 힘들었는지 좀더 자세히 얘기해 줄래? 지금 조사 중이거든."

"조사? 무슨 조사?"

"우리가 무역을 하면서 얼마나 힘든지 조사해서 금교잇 참여 국가들에 알리려는 거야. 조사 내용을 바탕으로 잇다 표시 가격을 올려 달라고 요청할 생각이거든!"

설명을 들은 친구들은 진솔하게 자신들의 사정을 준우에게 털어놓았다.

"우리가 랜덤 박스를 파는 건 알지? 그런데 환타국에서도 랜덤 박스를 팔고 있더라고. 추리왕 코단인가? 아무튼 걔네는 방탈출 게임이랑 넌센스 퀴즈도 서비스로 주는데 잇다로 표시된 가격이 너무 싼 거야! 우리도 싸게 팔고 싶지만 랜덤 박스에 들어가는 물건들 가격 때문에 그럴 수 없었어! 결국 너희처럼 팔아도 손해 보는 상황이야."

준우는 글로벌 마켓에서 방패연을 판매하고 있는 친구들에게도 같은 질문을 했다.

"너희는 금교잇 활동을 하면서 손해 보는 거 없어?"

"아니, 없는데?"

"정말 없어? 우리는 환타국 열쇠고리의 잇다 표시 가격이 너무 싸서 어쩔 수 없이 싸게 파느라 손해가 이만저만 아니거든. 그런데 너희는 그런 게 없는 거야?"

"응, 전혀 없어. 아무래도 경쟁 상품이 없어서 그런 거 같아."

블링키링 팀이 여러 사업체를 면담한다는 소문을 듣고 미주가 여경이를 찾아왔다.

"나도 억울한 게 있어서 얘기해 주려고."

미주가 콧등에 주름을 만들며 살짝 머뭇거리다 답했다.

"내가 고양이를 엄청 좋아하는 건 알지? 그래서 직접 만든 고양이 캐릭터로 포토 카드를 만들어서 팔 계획이었어. 그런데 글로벌 마켓에 환타국 친구들이 만들어 파는 수제 포토 카드의 잇다 표시 가격이 너무 싼 거야. 이럴 바엔 무역도 안 하고 돈도 안 벌고 말지 싶더라."

"정말?"

"캐릭터를 구상하고 그리는 데 시간이 얼마나 많이 걸리는 줄 알아? 여기에 들이는 노력을 감안하면 차라리 그 돈 안 벌고 고생 안 하는 게 낫다고 생각했어."

여경이는 미주의 말에 허탈한 웃음을 터트렸다.

"어쩜 우리랑 똑같은 생각을 했구나! 나도 차라리 사업을 하지 말걸 후회했거든. 미주야, 혹시 고양이 캐릭터 그린 게 있으면 보여 줄 수 있어? 왠지 귀엽게 잘 그렸을 것 같아."

"사업을 포기한 뒤 더 이상 그리지 않아서 많지 않아. 그래도 원하면 보여 줄게. 여기 있어!"

"우와, 진짜 귀엽다! 혹시 이 사업을 다시 해 볼 생각 없어?"

미주가 수줍은 듯 얼굴을 살짝 붉혔다.

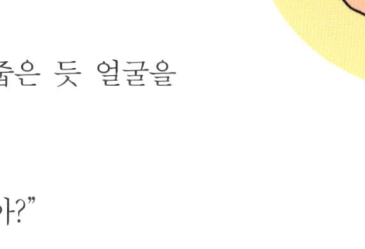

"정말 괜찮아?"

"응! 이거 팔면 나는 바로 살래. 글로벌 마켓 말고 그냥 우리 교실에서만 팔아도 될 것 같아. 애들이 엄청 많이 살 걸?"

"여경아, 말만으로도 너무 고마워. 한번 생각해 볼게."

미주의 고양이 캐릭터를 보면서 여경이는 제대로 조사해서 이 상황을 꼭 바꿔야겠다고 굳게 다짐했다.

아이들과의 면담을 끝낸 여경이와 준우는 나영쌤을 찾아갔다.

"쌤, 말씀하신 자료예요."

"벌써 정리까지 끝낸 거야?"

나영쌤은 여경이와 준우, 블링키링 팀 팀원들이 조사한 내용을 꼼꼼하게 읽어 봤다.

"짧은 시간에 조사뿐만 아니라 정리까지 다 하다니, 정말 대단해!"

"이런 건 미루지 말고 빨리빨리 해야죠."

"조사하다 보니까 빨리 바로잡아야겠다는 생각이 들었어요. 우리 말고도 억울한 친구들이 꽤 많더라고요."

준우와 여경이는 초조한 기색을 감추지 못한 채 나영쌤 앞에 서 있었다.

"에고, 무역 활동을 하면서 많은 친구들이 고생하고 있었네."

"쌤, 그러면 이제 어떻게 되는 건가요?"

불공평한 상황을 바로잡고 싶다는 마음이 가득한 여경이는 앞으로 어떤 일이 일어날지 너무 궁금했다.

"일단은 누리국 정의쌤한테 연락해서 감사국 친구들이 얼마나 힘든지 말씀드려야지. 그때 너희가 조사한 자료를 전달할 계획이야."

"그러면 정의쌤이 환율을 바로 바꿔 주시나요? 물건 가격도 바로 바꾸고요?"

나영쌤은 흠, 소리를 내며 고개를 가볍게 저었다.

"바로 바꾸는 건 힘들어. 환율은 감사국만의 문제가 아니라서 환타국, 감사국뿐만 아니라 누리국, 다른 참여국들의 동의도 구해야 하거든. 그러려면 여러 나라 대표들이 참석한 회의에서 의견을 모아야 해."

"꽤 복잡하네요."

"그래도 쌤이 열심히 노력해 볼게!"

수업이 끝난 뒤, 나영쌤은 블링키링 팀이 조사한 내용을 다시 살펴보았다. 그러고는 누리국 정의쌤에게 톡을 보냈다.

어떤 재미있는 일인가요?

 저희 감사국이랑 환타국 사이에 환율로 인한 **무역 분쟁**이 발생했어요.

네? 무역 분쟁이요?

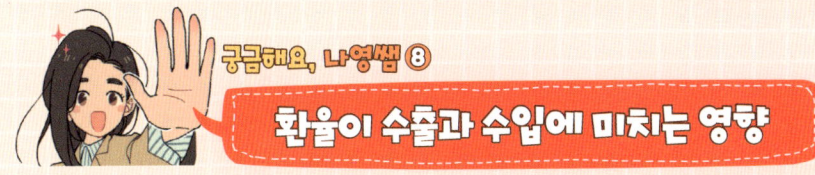

궁금해요, 나영쌤 ⑧ 환율이 수출과 수입에 미치는 영향

돈의 가치, 높은 게 좋을까요?

돈의 가치는 낮은 게 좋을까요, 높은 게 좋을까요? 이를 따지기 위해서는 제일 먼저 돈의 가치를 무엇과 비교할 건지 정해야 해요.

물건과 비교한 돈의 가치일 수도 있고, 외국 돈과 비교한 우리 돈의 가치일 수도 있으니까요. 물건과 비교해서 돈의 가치가 변하는 건 물가의 변동으로 표현되고, 외국 돈과 비교해서 우리 돈의 가치가 변하는 건 환율의 변동으로 표현됩니다.

여기선 외국 돈과 비교한 우리 돈의 가치가 어떻게 변하는 게 좋을지 생각해 봅시다. 1달러당 환율이 1,000원인 것과 2,000원인 것, 어떤 게 우리에게 유리할까요?

우리 돈의 가치가 낮아지면 수출에 유리해져요. 2,000원짜리 볼펜을 미국으로 수출하면, 환율이 1달러당 1,000원일 때 볼펜의 가격은 2달러(운반비나 세금 등 비용은 없다고 치죠)가 됩니다. 그런데 1달러당 2,000원이 되면 볼펜의 가격은 1달러가 되죠. 환율이 2배 오르자 볼펜 가격은 1/2배가 됩니다. 외국 돈에 비해 원화 가치가 낮아질 때, 가격 경쟁력이 생겨요!

그런데 우리 돈의 가치가 낮아지면 수입에는 불리해져요. 100달러짜리 목걸이를 수입하면, 환율이 1달러당 1,000원일 때 목걸이는 10만 원에 팔려요.

그런데 1달러당 2,000원이 되면 목걸이의 가격은 20만 원이 되죠. 환율이 2배 오르자 목걸이 가격은 2배가 됩니다. 외국 돈에 비해 원화 가치가 낮아질 때, 가격 경쟁력이 떨어져요.

환율 변동은 이처럼 동전의 양면 같답니다. 외국 돈과 비교한 우리 돈의 가치가 지나치게 높아지는 것도, 낮아지는 것도 좋지 않아요.

보이지 않는 손, 환율

어떤 나라에 경제 위기가 찾아왔어요. 그러면 보통 돈의 가치가 낮아집니다. 실제로 우리나라도 1997년 말 외환 위기가 찾아왔을 때 원화 가치가 큰 폭으로 낮아졌어요. 외환 위기 전 1달러당 800원 선이었던 환율이 2,000원까지 올랐죠. 이렇게 환율이 오르면 우리나라 상품이 외국에 수출되었을 때 싸게 느껴지고, 가격 경쟁력이 생기게 됩니다.

그런데 외국 상품이 수입되면 비싸게 느껴집니다. 그러면 수출이 수입보다 많아지겠죠? 수출이 늘면 달러가 국내에 많이 들어올 거예요. 달러가 많이 공급되면 그만큼 달러 가격인 환율이 떨어질 수 있어요. 사과 공급이 많아지면 사과 가격이 떨어지는 것처럼요.

이런 과정을 통해 다시 환율이 안정될 수 있어요. 실제로 1997년 말(12월 23일 기준) 1달러당 1,962원에 달하였던 환율이 1998년 3월 중순 이후 1,300원에서 1,400원 내외로 빠르게 안정되었답니다.

이처럼 환율은 외국과의 교역에서 '보이지 않는 손'처럼 작동해요.

띵동, 무역 분쟁이 발생했습니다!

관련 교육 과정

초등학교
- **사회** 5학년 1학기 2. 인권 존중과 정의로운 사회
- **사회** 6학년 1학기 1. 우리나라의 정치 발전
- **사회** 6학년 1학기 2. 우리나라의 경제 발전
- **수학** 6학년 1학기 4. 비와 비율

중학교
- **사회2** 10. 국민 경제와 국제 거래
- **사회2** 11. 국제 사회와 국제 정치
- **수학1** 2. 문자와 식
- **수학2** 3. 함수와 그래프

귀띔 무역 용어

- **무역 협상**: 나라 간 또는 기업 간 수출입 등 무역을 원활하게 하기 위해 요구 사항이나 이익을 조율하고 합의하는 과정

삐용삐용, 감사국의 SOS

기축통화국인 누리국 아이들은 원활한 금교잇 활동을 지원하느라 매우 바빴다. 우선 기축통화국으로서 다른 나라에 잇다를 공급하기 위해 열심히 수입 활동을 해야 했다. 그리고 수입만 많이 하게 되면 잇다의 가치가 떨어질 수 있기 때문에 수출도 열심히 해야 했다.

이처럼 다른 나라보다 무역 활동에 활발히 참여해야 했기 때문에 누리국 담임 교사인 정의쌤도 아이들의 흥미를 높이기 위해 항상 노력했다. 더불어 수출보다 수입이 조금 더 많이 일어날 수 있도록 무역 수지를 확인하면서 탄력적으로 조절했다. 그 모든 과정이 여간 까다로운 게 아니었다.

오늘도 폭풍 같은 금교잇 활동과 함께 하루가 지나갔다. 아이들을 모두 보내고 잠시 휴식을 취하고 있던 정의쌤에게 감사국 나영쌤이 보낸 톡이 도착했다.

저희 감사국이랑 환타국 사이에 환율로 인한 무역 분쟁이 발생했어요.

 네? 무역 분쟁이요?

네, 무역 활동과 관련해서 감사국 학생들이 겪고 있는 문제에 대해 말씀드려야 할 것 같아서요.

 감사국 학생들에게 어떤 문제가 생겼나요?

사실 감사국 학생들이 이번 금교잇 무역 주간에 많이 힘들어하고 있어요. 상품이 잘 안 팔린 친구들도 있지만, 팔면 팔수록 손해를 보는 친구들도 있거든요.
처음 학생들이 힘들다고 얘기했을 때는 다른 나라와의 경쟁이 쉽지 않은 정도로 생각했는데요. 본격적으로 무역에 참여한 친구들의 얘기를 들어보니 조금 복잡한 문제가 있더라고요.

 복잡한 문제요?

감사국은 '1잇다=0.8골드'였던 환율이 그대로인데, 환타국은 '1잇다=1.5캔'이었던 환율이 '1잇다=2캔'으로 올랐어요.
그러다 보니 환타국 학생들의 상품이 글로벌 마켓에서 싸게 팔리게 됐고, 이 때문에 감사국 친구들이 힘들어졌어요.

아! 환율 때문에 발생한 문제로군요.

 네, 맞아요. 나름 상품을 열심히 만들었는데 잘 안 팔리니까 결국엔 손해라는 걸 알면서도 싸게 팔고 있더라고요.

 생각지도 못한 문제네요.

 그래서 감사국 학생들을 위해 해결 방법을 생각해 보면 좋을 것 같아요.

 좋습니다! 기대되네요.

정의쌤은 머릿속이 복잡했지만 한편으로 흥미롭다고도 생각했다. 뉴스에서만 들었던, 나라 간 무역에서 자주 등장하는 '무역 분쟁'이 금교잇 활동에 등장했기 때문이다.

이 문제를 함께 해결하는 과정은 꽤 흥미진진하고, 학생들에게도 의미 있을 것 같다는 생각이 들었다. 그래서 환타국 달구쌤에게 상황을 설명하고 의견을 들어 보기로 했다.

달구쌤, 잘 지내고 계신가요?

 네, 금교잇 무역을 진행하며 즐겁게 지내고 있습니다. 그런데 어쩐 일이세요?

 이번 금교잇 무역 주간의 활동을 두고 감사국에서 문제를 제기해서 연락드렸습니다.

 문제 제기요? 혹시 감사국에 무슨 문제가 있나요?

 다름 아니라 환율 때문에요.
쌤도 아시겠지만, 환타국 환율이 올라가서 감사국 학생들이 수출하는 데 어려움을 겪고 있다네요.

 아, 그렇군요!
안 그래도 환타국도 환율 때문에 힘든 점이 있습니다.

 어떤 점입니까?

 환타국 학생들은 물건을 싸게 수출해서 돈을 많이 벌었는데, 환율이 오르다 보니 수입하는 학생들은 살 수 있는 상품이 별로 없어서 많이 힘들어하고 있습니다.

아! 수입 물가가 너무 올라서 물건을 살 수 없겠군요.

네, 그렇습니다. 그래서 많은 학생이 수입을 하고 싶어도 너무 비싸서 못 하는 바람에 속상해하고 있어요.

 달구쌤, 이번 기회에 나라별로 대표를 뽑아서 **무역 협상**을 진행해 보는 건 어때요? 학생들에게 아주 훌륭한 교육 기회가 될 것 같습니다!

무역 협상이요? 너무 좋은데요? 저는 완전 찬성합니다!

 **환타국, 무역 협상을 준비하다**

달구쌤은 수업이 시작되자마자 아이들에게 새로운 소식을 알려 주었다.

"다음 주에 감사국과 무역 협상을 진행하기로 했단다."

"무역 협상이요?"

"환타국과 감사국 사이에 환율로 인한 무역 분쟁이 발생했거든. 그래서 이 문제를 해결하기 위해 무역 협상을 진행하기로 했단다."

무역 분쟁, 무역 협상이라는 말을 듣고 아이들이 술렁거렸다. 아무래도 분쟁과 협상이라는 단어가 가진 무게감에 살짝 겁먹은 눈치였다.

"쌤, 환율 때문에 무역 분쟁이 발생했다는 건가요?"

"환율이 어땠기에 분쟁이 발생해요?"

달구쌤은 따스한 미소를 지은 채 소란스런 교실 안을 훑어보았다.

"우리 환타국은 화폐 가치가 낮아서 수출하는 상품의 잇다 가격이 싼데, 감사국은 화폐 가치가 높아서 잇다 가격이 비싸거든. 그래서 감사국 친구들이 수출에 어려움을 겪고 있다고 해."

"그건 우리가 가격 경쟁에서 앞선 거잖아요!"

"똑같은 상품인데 환율로 인해 가격이 차이 난다면 억울하지 않을까?"

지훈이는 머리를 긁적거리며 말끝을 흐렸다.

"그건 그렇지만……."

"환율로 인한 가격 차이는 환타국 친구들도 힘들게 한단다. 수출하는 친구들은 상품을 많이 팔아서 좋지만, 수입하는 친구들은 상품을 살 수 없어서 힘들거든."

수입하는 친구들의 어려움에 대한 이야기가 나오자 슬아가 손을 들고 말했다.

"저도 감사국에서 파는 방패연이 갖고 싶은데 너무 비싸서 주문을 못 하고 있어요."

민혁이도 슬아의 말이 끝나기가 무섭게 말을 얹었다.

"맞아요! 왕달고나 하나에 800캔이나 한다니까요!"

태희가 민혁이를 손가락으로 가리키며 픽, 웃었다.

"야, 너는 비싸도 샀잖아!"

"샀으면 비싸다는 말도 못 하냐?"

"민혁이가 잘 얘기했어. 환타국도 환율 때문에 힘드니까, 감사국 친구들과 협상을 진행하다 보면 모두가 만족할 만한 방법을 찾을 수 있을 거야."

아이들은 생각지도 못한 어려운 숙제를 받고 표정이 어두워졌다.

"어렵게 생각하지 마. 쌤이 함께할 테니까 말이야. 일단 무역 협상에는 수출업체 대표 1명, 수입업체 대표 1명도 참여해야 해. 혹시 수출업체를 대표해서 참여하고 싶은 친구 있니? 추천을 해도 좋아."

지훈이는 약간의 고민도 없이 손을 번쩍 들었다. 남들 앞에 나서서 말하는 것을 좋아하는 성격이 한몫했지만, 무역 협상이라는 말에 호기심이 들었기 때문이다.

"지훈이가 손 들었구나. 다른 친구는 없니?"

환타국을 대표해서 무역 협상을 진행한다는 게 상당한 부담이었는지 아이들은 아무도 손을 들지 않았다.

"수출업체 대표는 지훈이로 하자. 그러면 수입업체 대표로 참여할 친구?"

이번에는 반장인 슬아가 손을 들었다. 가격 때문에 다른 나라 물건을 못 산 일도 있어서 직접 무역 협상에 참여하고 싶었기 때문이다.

지훈이와 슬아 그리고 달구쌤까지, 환타국의 무역 협상 대표단이 마침내 꾸려졌다.

무역 분쟁의 역사

무역 분쟁은 왜 일어날까?

무역 적자, 마이너스(-) 상태가 계속되면 그 나라의 경제 상황은 현저히 나빠집니다. 이런 상황을 좋아할 나라는 없겠지요? 이러한 경제 위기를 벗어나기 위해 과거에는 전쟁까지 벌이기도 했답니다.

무역 분쟁의 역사: 1. 아편 전쟁

① 오랜 기간 무역 적자에 시달린 영국

17세기 말, 영국은 당시 중국인 청나라와 무역을 시작했어요. 영국은 옷감인 모직물과 면화 등을 수출했고, 청나라는 차(茶)와 도자기, 비단 등을 수출했지요. 청나라에서 건너온 차 문화는 영국 전체로 퍼졌고, 그때 정착된 차 문화가 지금까지도 이어져 영국인들은 오후가 되면 홍차를 즐긴답니다.

국민들이 차 문화를 즐기는 건 좋은데, 영국의 차 수입액이 청나라로의 수출액보다 많은 게 문제였어요. 1820년대에는 청나라의 차 생산량 중 70~80퍼센트를 영국이 수입했다고 해요. 그에 반해 영국의 모직물과 면화는 청나라에서 크게 인기를 끌지 못했어요.

청나라로부터의 수입은 많은데 수출은 적으니, 막대한 돈이 청나라로 흘러 들어갈 수밖에 없었습니다. 당시 영국은 산업화되면서 막대한 자본이 필요했는데, 계속 돈이 청나라로 들어가는 상황이었죠. 그러니 영국은 이 상황을 가만히 두고 볼 수 없었어요.

② 19세기 무역 분쟁, 영국-청나라 전쟁

영국은 무역 적자를 메꿔 줄 새로운 수출품을 찾아냅니다. 바로 마약의 일종인 아편이었어요. 영국은 당시 식민지였던 인도에서 재배한 아편을 인도에 있는 영국 회사를 통해 청나라로 수출했어요. 인도는 아편을 팔아서 번 돈으로 영국의 공산품을 구입했고요. 결과적으로 영국이 차를 수입하며 청나라에 지불한 돈은 다시 영국으로 돌아온 셈이죠. 1816년 5,000상자에 불과했던 아편 수출량은 1838년 4만 상자까지 늘어났어요. 이로써 영국의 무역 적자는 완전히 해소되었습니다.

하지만 청나라는 아편으로 인해 만신창이가 되었어요. 아편 수입을 금지했지만, 법을 어기고 몰래 수입하는 사람들이 많았어요. 아편은 마약이라 중독성이 엄청 났거든요. 이제 아편 수입액은 영국으로의 수출액보다 훨씬 커졌어요. 국민들의 몸과 정신은 망가졌고, 영국에 지급하는 돈은 점차 늘어났어요. 결국 청나라는 아편을 밀수하는 사람들을 찾아냈고, 2만 상자에 이르는 아편을 빼앗아 불태웠어요.

1840년 6월, 영국은 아편을 빼앗아 불태운 사건을 응징하겠다고 청나라로 군대를 보냅니다. 군함 15척과 4,000명의 군인을 실은 배 25척, 무장선 4척을 보냈어요. 영국은 앞선 기술력으로 청나라 군대를 제압했지요.

1842년에 두 나라는 조약을 맺었고, 청나라는 홍콩을 영국에 넘기게 되었어요(1997년에 홍콩은 중국으로 반환되었죠). 그리고 광저우와 상하이를 포함한 다섯 개 항구를 개방해서 자유 무역을 하게 됩니다.

무역 분쟁의 역사 : 2. 플라자 합의와 역(逆)플라자 합의

앞에서 자국 화폐의 가치가 낮을 때, 수출에 유리할 수 있다고 얘기했어요. 그럼 반대로 자국 화폐의 가치가 높으면 수출에 불리하겠죠?

오랫동안 화폐의 가치가 지나치게 높으면, 수출은 잘 안 되고 수입은 많아지는 상태가 지속될 거예요. 그러면 달러가 계속 나라 밖으로 흘러나가겠죠. 1980년대 중반, 미국은 바로 이런 상황에 놓이게 됩니다.

① 달러의 가치가 너무 높아 힘들었던 미국

1970년대, 미국의 물가는 지나치게 높아졌어요. 국제 석유 가격이 엄청나게 올랐거든요. 미국은 사우디아라비아, 이란 등에서 석유를 많이 수입했는데, 이 지역에서 전쟁이 일어났어요. 아랍 국가들과 이스라엘 간의 전쟁이었고, 미국은 이스라엘 편에 섰어요. 아랍 국가들은 이스라엘 편에 선 국가들에겐 석유를 팔지 않겠다고 선언했습니다.

수출되는 석유의 양이 줄자 석유 가격은 엄청나게 올랐고, 그로 인해 물가도 급격히 올랐어요. 결국 고공 행진하는 물가를 잡기 위해 이자율을 높일 수밖에 없었습니다.

1970년대 물가와의 전쟁을 선포했던 미국은 이자율을 20%까지 올렸어요. 달러 이자율이 높으니 너도나도 미국에 돈을 맡기고 싶지 않겠어요? 그런데 미국 은행에 돈을 맡기려면 달러가 필요하죠. 달러의 인기가 높아지니, 달러의 가치도 높아집니다. 이러한 상황은 1980년대 중반까지 지속되었어요.

② 일본, 서독 돈의 가치를 높이자: 플라자 합의(Plaza Accord)

미국은 달러의 가치가 너무 높아서 수출이 힘들었어요. 그에 비해 수입은 많았습니다. 특히 미국은 일본, 서독(독일이 통일되기 전)과의 무역에서 심각한 적자를 보고 있었어요.

1985년 9월, 미국과 프랑스, 독일, 일본, 영국의 재무장관들이 뉴욕 플라자 호텔에 모여서 해결책을 모색했어요. 그 결과 '일본과 서독의 화폐 가치를 높이자.'고 합의합니다. 일본 돈인 엔화와 서독 돈인 마르크의 가치를 높이면, 상대적으로 미국 달러는 가치가 떨어질 테니까요. 그러면 미국의 무역 적자가 줄어들겠죠.

플라자 합의 이후 엔과 마르크의 가치는 크게 올라갑니다.

③ 엔화 가치가 높아지자 수출이 늘어난 한국

1985년 플라자 합의 직전에 엔화는 1달러당 240엔 정도였는데, 이후 꾸준히 하락하여 1995년에는 83~85엔까지 떨어졌어요. '엔/달러' 환율이 하락했다는 건 엔화 가치가 높아졌다는 의미예요. 그리고 엔화 가치가 올랐으니 수출이 어려워졌죠.

이때 우리나라에는 어떤 영향을 미쳤을까요? 한국은 수출이 잘 되었답니다. 당시 일본 수출품과 우리나라 수출품은 많이 겹쳤거든요. 일례로, 엔화 가치가 오르자 미국에서 일본 자동차의 가격은 올랐고, 상대적으로 한국 자동차는 가격이 저렴해졌어요. 이런 영향으로 1980년대 후반까지 우리나라의 자동차 회사들, 전자 제품 회사들은 크게 성장할 수 있었어요.

10년 가까이 엔화 가치가 높게 유지되다 보니, 이번에는 일본이 힘들어졌죠. 그래서 1995년 4월에는 엔화 가치를 낮추자는 국제적 합의를 합니다(플라자 합의랑 반대된다는 의미로 '역(逆)플라자 합의'라고 불러요). 그 결과, 엔화 가치가 1995년 4월 1달러당 83엔에서 1997년 4월 125엔까지 낮아졌어요.

> 관련 교육 과정 ● ● ● ● ● ● ● ● ● ● ● ● ● ● ● ● ● ● ●

초등학교
- 사회 5학년 1학기 2. 인권 존중과 정의로운 사회
- 사회 6학년 1학기 1. 우리나라의 정치 발전
- 사회 6학년 1학기 2. 우리나라의 경제 발전
- 수학 6학년 1학기 4. 비와 비율

중학교
- 사회2 10. 국민 경제와 국제 거래
- 사회2 11. 국제 사회와 국제 정치
- 수학1 2. 문자와 식
- 수학2 3. 함수와 그래프

● ● ● ● ● ● ● ● ● ● ● ● ● ● ● ● ● ● ● ●

귀띔 무역 용어

- **중재:** 분쟁 당사자 사이에 발생한 분쟁을 제삼자가 조정하고 해결함
- **환율 조정:** 한 국가의 통화 가치를 조정하는 과정

 **시작된 무역 협상!**

드디어 무역 협상의 날이 밝았다. 지역이 달라 직접 만나기 어려운 점을 감안해서 화상으로 회의를 진행하게 되었다.

 "다들 참여해 주셔서 감사합니다. 저는 무역 분쟁을 **중재**하는 누리국 담임 교사 정의쌤입니다. 반갑습니다."

"안녕하세요. 이번 무역 협상의 진행을 맡은 누리국 박수진입니다."

무역 협상이 시작되자 지훈이는 바짝 긴장했다. 하지만 실수해도 도와줄 테니 걱정하지 말고 편하게 하라는 달구쌤의 말을 되새기며 심호흡을 했다.

 "무역 협상은 다음의 순서로 진행합니다. 우선 감사

국부터 자신들의 주장과 근거를 말합니다. 이어서 환타국 역시 자신들의 주장과 근거를 설명합니다. 그 후에 양측은 서로의 주장과 근거에 대해 질문하거나 반론을 펼칩니다. 그리고 이를 바탕으로 주장을 절충하여 합의를 도출합니다."

수진이가 무역 협상의 시작을 알렸다.

 "먼저 감사국 대표들은 이번 무역 협상을 요구하게 된 이유와 근거를 말씀해 주세요."

 "안녕하십니까? 감사국 무역 협상 대표 김준우입니다."

 "안녕하세요. 감사국 무역 협상 대표 이여경입니다. 우선 이번 무역 주간 때 올라온 홍보물을 보여드리겠습니다."

"현재 감사국 열쇠고리의 가격은 200잇다입니다. 원래 적정 가격은 300잇다지만, 글로벌 마켓에 올라와 있는 환타국 열쇠고리의 가격이 150잇다, 200잇다 정도라서 판매를 위해 낮출 수밖에 없었습니다. 감사국 골드는 무역 주간 이전이나 지금이나 '1잇다=0.8골드'로 같은 반면, 환타국 캔은 '1잇다=1.5캔'에서 '1잇다=2캔'까지 올라 캔의 가치가 떨어졌거든요."

여경이는 고개를 내려 감사국의 주장을 정리해 둔 메모지를 빠르게 훑으며 말을 이었다.

 "사실 감사국 안에서만 사고팔면 상관 없어요. 그런데 감사국 밖에서 사고파니까 문제가 발생한 겁니다. 잇다와 비교할 때 골드의 가치가 높아 수출에 어려움을 겪고 있습니다. 반면에 환타국은 잇다 대비 캔의 가치가 떨어져서 수출이 잘되고 있어요. 너무 불공평하지 않습니까?"

준우는 여경이의 뒤를 이어 감사국의 주장을 펼쳐 나갔다.

 "열쇠고리 사업뿐만 아니라 다른 수출업체들도 어려움을 겪기는 마찬가지입니다. 글로벌 마켓에서 판매되는 환타국 상품의 잇다 가격이 너무 싸서 감사국 친구들은 울며 겨자 먹기로 손해를 보며 물건을 싸게 팔고 있습니다. 아예 수출을 포기한 경우도 있고요. 그래서 저희 감사국은 환타국 화폐인 캔의 가치를 높여서 '1잇다=1캔'이 되길 바랍니다."

감사국 무역 협상단은 마치 국제 시합에 나선 국가 대표처럼 목소리에 힘을 주며 자신들의 주장을 펼쳐 나갔다. 화면 너머로도 그들의 눈빛과 목소리에 묻어난 비장함과 집념이 고스란히 느껴졌다.

# 환타국 캔의 가치를 높이라고?

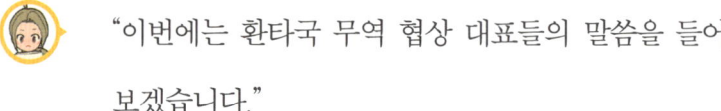

"이번에는 환타국 무역 협상 대표들의 말씀을 들어 보겠습니다."

지훈이와 슬아가 서로 눈을 마주쳤다.

 "저는 환타국 무역 협상 대표 손지훈입니다."
 "환타국 무역 협상 대표 송슬아입니다. 감사국의 주장은 잘 들었습니다. 환타국이 이익만 얻는다고 말씀하셨는데, 사실 저희도 억울한 부분이 있어요. 물론 캔의 가치가 낮아져서 환타국의 수출이 잘된 건 맞습니다."

슬아는 차분한 말투로 또박또박 주장을 이어 갔다.

 "그런데 그로 인해 수입하는 친구들은 손해를 보고 있어요. '1잇다=1.5캔'일 때는 300잇다인 물건을 450캔이면 살 수 있었지만, 지금은 '1잇다=2캔'이 되어 똑같은 물건을 600캔이나 주고 사야 하거든요. 부디 이런 어려움 속에서도 환타국이 무역 주간 활동에 참여한다는 점을 알아주셨으면 합니다."

이제 슬아는 화면 속 감사국 대표들을 차분한 표정으로 쳐다보았다.

"어쩌면 환타국이 지금보다 캔의 가치를 높여서 물건을 팔 수도 있겠지요. 하지만 갑자기 캔의 가치를 올리면 무역 활동에 혼란이 발생할 수밖에 없습니다. 이에 환타국은 감사국의 요청을 받아들이기 어렵습니다."

"맞습니다. 갑자기 돈의 가치가 변하면 수출업체와 수입업체 모두의 계획에 차질이 생깁니다. 현재 환타국은 '1잇다=2캔'으로 사업 계획을 짜고 있으니까요. 갑작스러운 변화는 무역을 하는 사업체에 혼돈을 가져올 수밖에 없습니다."

"예측이 가능한 게 중요하다는 말씀이시군요."

준우의 말에 지훈이는 고개를 끄덕이며 응수했다.

 "맞습니다. 협상으로 갑자기 환율이 바뀐다면, 앞으로도 이런 일이 또 발생할 수 있다고 여기게 될 겁니다. 게다가 '1잇다=1캔'으로 바꾸라니, 너무 힘든 일입니다."

여경이가 기회를 놓치지 않고 절충안을 내놓았다.

 "그렇다면 환율을 조금만 조정하는 건 어떨까요?"
 "어느 정도로요?"
 "'1잇다=2캔'에서 '1잇다=1.4캔'으로 조정합시다."

지훈이가 고개를 세게 가로저으며 반대 의사를 표했다.

 "감사국 협상단에서 요구하는 것처럼 캔의 가치를 지금보다 높이면 환타국 수출업체도 돈을 못 벌거나 손해 볼 수 있습니다."
 "왜죠?"

"조금 전에도 말씀드렸듯이 이미 '1잇다=2캔'으로 계산해서 상품의 생산 비용과 가격을 정했으니까요!"

여경이의 목소리가 점점 높아졌다.

"그러면 상품 가격을 올리면 되잖아요!"

"가격을 올리면 누가 삽니까? 감사국도 그래서 손해를 보면서도 상품 가격을 낮춘 거잖아요. 설마 감사국 수출업체 좋자고 환타국 수출업체를 망하게 하려는 겁니까?"

"이 상태가 계속되면 감사국 수출업체들은 손해가 더 커진단 말입니다!"

무역 협상은 점점 더 치열해졌다. 상대의 허점을 노려 공격하다 보니 양보와 타협보다는 방어와 반격, 감정적인 논쟁이 오갔다. 결국 수진이가 정

중한 말투로 중재에 나섰다.

 "양국의 의견이 팽팽한 나머지 공격적으로 변한 것 같습니다. 과열된 분위기를 가라앉히고 서로의 주장을 열린 마음으로 대할 시간이 필요한 듯하네요. 지금부터 10분 동안 휴식을 취한 뒤 협상을 이어 가겠습니다."

협상 타결을 향한 숨 고르기

휴식 시간, 환타국의 의견을 정리하던 슬아가 말했다.

"그런데 생각해 보니까 감사국도 곤란할 거 같아요. 수출이 어려워지면 돈이 돌지 않아서 결국엔 감사국 경제도 힘들어지잖아요."

감사국의 주장에 반대하며 조목조목 따지던 때와는 사뭇 달라진 슬아의 태도를 본 달구쌤이 물었다.

"아까는 절대 못 물러난다더니?"

"네, 그랬죠. 그랬는데……."

슬아가 말끝을 흐리자 지훈이가 입을 열었다.

"환타국 대표로 무역 협상에 왔으니 강하게 따진 거지, 사실 감사국 입장을 모르는 건 아니에요."

슬아가 동감이라는 듯 고개를 끄덕이며 덧붙였다.

"맞아요. 게다가 감사국에서 손해 보는 것처럼 환타국도 손해 보는 부분이 있잖아요."

"하긴, 우리도 수출은 이득이지만 수입은 어려운 상황이지."

"게다가 저는 환타국 수입업체 대표로 나온 거라서 지훈이처럼 수출을 위해 지금 환율을 고수하자고 강하게 못 하겠더라고

요. 수입을 생각하면 환율이 부담스럽긴 해요."

환타국 수출업체의 이익을 최우선으로 생각하던 지훈이가 슬아의 말에 한발 뒤로 물러났다.

"수입까지 고려하면 서로 적절한 타협점을 찾아야 할 거예요. 아마 감사국도 그러지 않을까요?"

"쌤, 그러면 환율을 낮추는 데 동의하는 게 좋을까요? 낮춘다면 얼마까지 괜찮을까요?"

슬아가 구체적인 이야기를 꺼내는 순간, 수진이가 휴식 시간이 끝났다고 알려 왔다.

 양보의 한 걸음

 "무역 협상을 재개하겠습니다. 이번에는 감사국의 질문과 반론을 들어 보겠습니다."

휴식 시간을 끝내고 돌아온 여경이는 더없이 또렷한 목소리로 의견을 내놓았다.

"아까 환타국 수입업체들도 손해를 보고 있다고 말씀하셨습니다. 그러면 환타국은 수출업체들이 계속 이익을 보고, 수입업체들이 계속 손해를 보는 이 상황을 지켜만 볼 건가요?"

"그건 아니고……."

슬아가 망설이며 말끝을 흐렸다.

"어떤 계획을 가지고 있는지 알려 주세요."

여경이의 날카로운 질문에 지훈이가 한숨을 내쉬더니 솔직하게 대답했다.

"아직 확실한 계획은 없습니다. 하지만 서로를 위해 환율을 조금 조정해야 한다는 의견에는 동의합니다."

반드시 환율을 낮추겠다는 굳은 각오로 무역 협상에 임하던 감사국 학생들은 지훈이의 협조적인 태도에 살짝 놀랐다. 준우가 흠흠, 목소리를 가다듬은 뒤 말했다.

"그렇게 얘기해 주셔서 감사합니다. 결국 감사국의 목적은 **환율 조정**이니까, 특별한 계획이 없다면 캔의 가치를 높이자고 제안하는 바입니다."

사뭇 훈훈해진 양국의 반응에 중재국인 누리국 정의쌤과 수진이는 기쁨의 눈빛을 교환했다. '일단 휴식' 정책이 가시적인 성과를 거둔 순간이었다. 수진이는 마음을 고르고 협상을 진행했다.

"좋습니다. 그렇다면 감사국은 어느 정도의 조정을 원하십니까?"

"캔의 가치를 높이면 높일수록 좋습니다. '1잇다=1.4캔'이 어렵다면 '1잇다=1.5캔'으로 조정하죠."

여전히 마음을 다잡지 못한 슬아를 대신해 지훈이가 의견을 냈다.

"조정은 환영하지만 그렇게는 곤란합니다. 환타국 수출업체가 갑자기 힘들어질 테니까요."

극적인 협상 타결!

양국 사이에 환율을 조정하자는 공감대는 형성되었지만, 여전히 이견을 줍히지 못하고 있었다. 그래도 협상의 실마리가 보이니, 조금 더 토론하다 보면 협상안을 찾을 수 있을 듯했다.

"양국은 환율을 조정하는 데 동의하셨습니다. 그러니 이제는 구체적으로 어떻게 조정할지 토론했으면 합니다. 누가 절충안을 제안해 주시겠어요?"

"감사국의 주장처럼 환율을 크게 조정하는 일은 환타국에서 받아들이기 어렵습니다. 그러니 서로 양보해서 조금만 조정하는 게 어떨까요?"

여경이는 어서 결론을 내고 싶은 마음에 환타국 대표들을 독촉했다.

"얼마나 조정하길 원하나요?"

슬아는 환타국의 환율을 내리는 일에 동의했지만, 구체적으로 얼마나 조정할지 결심이 서지 않았다. 그래서 톡으로 달구쌤에게 도움을 요청했다.

 "'1잇다=1.6캔'으로 하죠."

 "그러면 환타국 수출품의 잇다 표시 가격은 어떻게 변하나요?"

슬아가 재빨리 머릿속으로 환율 대비 가격을 계산했다.

 "수출업체마다 다르겠지만, 가격이 25% 오르네요. 그래서 200잇다 상품은 250잇다가 됩니다."

여경이는 생각했던 것보다 잇다 가격이 많이 오르지 않자 다른 방법을 제시했다.

 "그 정도로는 감사국의 수출품이 여전히 비싸네요. 음, 감사국 화폐인 골드도 함께 조정하면 어떨까요?"
 "어느 정도로 조정하길 원하나요?"
 "'1잇다=0.8골드'에서 '1잇다=1골드'로 조정하고 싶습니다."

양국의 제안을 모두 들은 수진이가 막판 중재를 시도했다.

 "환타국은 감사국의 제안에 동의하나요?"

슬아는 여경이의 중재안이 나쁘지 않다고 생각했다. 지훈이도 같은 생각을 한 뒤 슬아를 향해 고개를 가볍게 끄덕였다.

 "네, 좋습니다."

 "그러면 양국 모두 '1잇다=1골드=1.6캔'에 합의하는 것으로 하겠습니다."

 "잠깐만요. 감사국 담임 교사 나영쌤입니다. 환율의 변동은 감사국과 환타국, 두 나라만의 문제가 아닙니다. 그 외 무역에 참여하는 다른 나라들도 영향을

받죠. 그래서 지금 합의한 내용을 정리해서 무역 활동에 참여하는 나라들의 동의를 구하는 절차를 거치는 게 좋을 것 같습니다. 그 후에 최종 환율을 변경해서 금교잇 환율 고시판에 올리는 게 어떨까요?"

 "네, 좋습니다."

양국의 무역 협상 결과는 쌤들에 의해 합의문 형태로 정리되었다.

감사국과 환타국의 무역 협상 합의문

감사국과 환타국, 양국의 활발한 무역 활동과 경제 발전을 위해서 누리국의 중재 하에 다음과 같이 무역 협상에 합의합니다.

- 누리국에 대한 환타국 환율은 '1잇다=2캔'에서 '1잇다=1.6캔'으로 조정한다.
- 누리국에 대한 감사국 환율은 '1잇다=0.8골드'에서 '1잇다=1골드'로 조정한다.

협상에서 합의한 양국의 환율은 금교잇 무역 활동에 참여하는 다른 나라들의 동의를 얻은 후 정식으로 고시됩니다.

2XXX년 XX월 XX일
환타국, 감사국, 누리국

양국의 합의문은 다른 나라들에도 공유되었고, 최종적으로 금교잇 무역 활동 참여국들의 동의를 얻었다. 그렇게 무역 분쟁은 일단락되었다.

자유 무역과 보호 무역

자유 무역을 돕는 국제 기구, WTO(World Trade Organization)

어떤 나라가 수출은 많이 하고 수입은 적게 해서 돈을 많이 벌겠다고 마음먹었다고 해 볼게요. 그러면 수입품에 세금을 많이 부과해서 가격을 높이고, 수출품에 보조금을 많이 줘서 생산비보다도 싸게 가격을 낮출 거예요. 그러면 무역 상대국은 손해를 보게 될 가능성이 높아요. 그리고 손해가 지속적으로 쌓이면 경제 위기가 찾아오죠. 분쟁도 발생하기 쉬워지고요.

이렇게 발생한 분쟁을 해결하고, 자유롭게 무역을 하며 세계 경제가 함께 발전하도록 한다는 목적으로 만든 국제 기구가 있습니다. 바로 1995년 출범한 세계무역기구(WTO)예요. 불공정 무역을 하면 제재하고, 무역 분쟁이 발생하면 심판하는 등의 역할을 수행합니다.

자국 산업의 보호가 필요한 경우

전 세계가 완전한 자유 무역을 하지는 않습니다. 수입품이 국경을 넘으면 세금을 매겨 가격에 포함시키죠. 새로 시작하는 산업은 보조금을 줘서 수출품 가격을 낮추기도 해요(세금이나 보조금의 정도가 심하면 WTO의 제재를 받아요).

그러면 왜 이런 정책을 쓸까요? 자국의 산업을 보호하고 육성하기 위해서랍니다.

일례로, 밀은 수입산이 국내산보다 가격이 싸요. 그래서 대부분의 제품에는 수입산 밀이 들어갑니다. 자유 무역을 한다면, 가격이 비싼 국내산 밀은 재배하지 않는 게 맞아요. 하지만 어느 정도의 곡물은 국내에서 재배할 필요가 있습니다. 언제라도 곡물 공급에 문제가 생길 수 있기 때문이죠. 실제로 코로나19가 발생한 초기에는 수출입 물류가 줄었고, 2022년 초에는 러시아가 우크라이나를 침공하면서 국제 곡물 가격이 뛰었거든요. 그래서 수입산 밀에 세금을 매겨 가격에 포함시키는 정책을 쓰는 거예요.

또한 새로 시작한 산업은 아직 기술적으로 충분히 발전하지 못해서 경쟁력이 떨어질 수밖에 없어요. 우리나라에서 자동차를 만들기 시작한 1970~1980년대에는 우리나라 자동차가 선진국 자동차에 비해 성능이 떨어졌어요. 그래서 국가에서 보조금을 주면서 싸게 수출할 수 있게 도왔죠. 이런 도움으로 현재는 우리나라 자동차 성능이 어느 나라 자동차에 비해서도 밀리지 않게 되었지요.

11 무역의 성과

관련 교육 과정

초등학교
- **사회** 4학년 2학기 2. 필요한 것의 생산과 교환
- **사회** 6학년 1학기 2. 우리나라의 경제 발전
- **수학** 6학년 1학기 4. 비와 비율

중학교
- **사회2** 8. 경제생활과 선택
- **사회2** 10. 국민 경제와 국제 거래
- **수학1** 2. 문자와 식
- **수학2** 3. 함수와 그래프

귀띔 무역 용어

- **콘텐츠**: 책이나 음악, 영화, 게임처럼 우리가 보고 듣고 읽는 다양한 종류의 정보나 자료

무역 협상이 끝나고

환타국 무역 협상 대표들은 협상에 참가하고 느낀 점을 나누고 소감을 밝혔다.

"모두 수고 많았다. 정말 잘했어. 너희 둘 다 너무 자랑스러워!"

슬아는 어깨를 움츠리며 부르르 떠는 시늉을 냈다.

"으아, 무서워 죽는 줄 알았어요. 괜히 저 때문에 환타국이 피해 입을까 봐 얼마나 걱정했다고요."

"아니야, 진짜 잘했어. 두 나라 모두에게 최선인 방법을 잘 만들어 낸 것 같아. 지훈이는 어땠어?"

"어휴, 저도 엄청 긴장했어요."

고개를 절레절레 젓는 지훈이를 보며 달구쌤이 빙긋 웃었다.

"긴장한 것 치고는 아주 잘하던데? 그래도 스스로가 뿌듯하고 대견스럽지?"

"맞아요! 진짜 국가 대표 무역 협상단이 된 것 같았어요. 그래서 지금 엄청 뿌듯하고 자랑스러워요!"

"여행 갈 때나 봤던 환율이 이렇게 복잡한 과정을 통해 결정된다는 것도, 환율 하나에 나라의 이익이 왔다 갔다 한다는 것도 정말 몰랐어요. 그냥 단순한 숫자라고 생각했는데……. 진짜 시간이 어떻게 지나갔는지 모르겠어요."

달구쌤은 뿌듯함으로 발갛게 상기된 슬아와 지훈이의 얼굴을 보며 말했다.

"다들 수고했어! 내일 지훈이는 친구들에게 합의문을 읽어 주고, 슬아는 어떻게 합의했는지 설명해 주자. 쌤은 옆에서 부족한 점이 있으면 그때그때 도와줄게."

두근두근, 언박싱!

다시 활발하게 금교잇 무역을 하던 어느 날, 달구쌤이 커다란 상자를 들고 교실로 들어왔다.

"우와! 쌤, 그게 뭐예요?"

"택배 상자 맞죠?"

"뭘 주문하신 건데요?"

아이들의 관심은 달구쌤의 손에 들린 택배 상자로 쏠렸다.

"마침내 우리가 주문했던 물건들이 도착했다. 많이 기다렸지?"

"네!"

모두 한마음으로 크게 외쳤다. 주문한 물건을 정말 받을 수 있는지 의심하며 기다린 경우도 있었고, 언제 오는지 목이 빠져라 기다린 경우도 있었다. 물론 무역에 관심 없다며 주문을 안 한 경우도 있었다. 하지만 택배 상자를 보자 모두 눈을 반짝이며 관심을 표현했다.

"쌤, 언박싱해요!"

"빨리요, 빨리!"

"그러면 무역 협상에 대표로 참가했던 슬아와 지훈이가 언박싱을 해 볼까? 쌤은 카메라로 언박싱 장면을 촬영할게."

슬아와 지훈이가 테이프를 제거하고 택배 상자를 열었고, 그 모습을 지켜보던 아이들은 환호성을 질렀다. 그 소리에 환하게 웃은 슬아가 상자 속 물건들을 하나씩 꺼내서 주인을 찾아 주었다.

대부분 주문한 물건을 찾아갔는데도 여전히 이름이 불리지 않자 민혁이는 슬슬 초조해졌다. 혹시 자신이 주문한 물건이 누락된 건 아닌가 싶어 걱정도 되었다. 가윤이도 내색은 안 했지만 초조하긴 마찬가지였다.

"김민혁!"

지훈이가 이름을 부르자 민혁이는 쏜살같이 앞으로 나갔다.

"오예, 왕달고나! 쌤, 이거 지금 먹어도 되나요?"

달구쌤이 검지손가락을 들어 좌우로 흔들며 말했다.

"안 돼. 점심 식사 전에 먹으면 식욕이 떨어질 수 있으니 후식으로 먹는 게 어떨까?"

"왕달고나 먹어도 점심은 잘 먹을 수 있어요."

"물론 민혁이는 그렇겠지만 다른 친구들은 아닐 수 있으니까 조금만 참자."

민혁이는 미간을 살짝 찡그렸다 펴며 대답했다.

"네, 알겠습니다."

몇 명의 학생들이 물건을 찾아간 뒤에야 가윤이의 이름도 불렸다. 가윤이는 포장된 물건을 가지고 자리로 돌아와 하나씩 꺼내서 살펴보았다.

"가윤아, 주문한 물건은 잘 왔어?"

태희가 궁금한지 가윤이의 어깨 너머로 고개를 쏙 내밀었다.

"지금 확인하고 있어. 잠깐만, 일단 포토 카드 2장은…… 제대로 왔고, 열쇠고리 주문한 것도 제대로 왔네."

주문한 물건을 확인하며 즐거워하는 아이들의 모습을 보고 있자니 지훈이는 뭐라도 더 살 걸 하는 후회가 살짝 들었다. 하지만 그것도 잠시, 지훈이는 더 큰 걱정에 휩싸였다. 방탈출 게임 서비스가 바로 오늘 저녁부터 시작되기 때문이었다. 이미 방탈출 게임 제작은 완료한 상태였다. 가윤이, 민혁이와 함께 여러 번 테스

트하며 만반의 준비를 마쳤지만, 불안한 마음은 어쩔 수 없었다. 지훈이는 친구들이 언박싱에 정신이 팔린 동안, 태블릿 PC로 다시 한번 방탈출 게임을 테스트했다.

마침내 정산 시간!

"다른 나라에서도 우리처럼 어제 언박싱을 했대. 그리고 우리가 보낸 택배들도 문제없이 다 주인을 찾아갔다고 해. 다른 나라에서 언박싱 영상과 사진 들을 보내 줬는데, 다 같이 볼까?"

아이들은 다른 나라 친구들의 언박싱 영상과 사진 들을 함께 시청했다.

"그리고 누리국 친구들은 구매 후기도 정성스럽게 적어서 보내 줬단다."

달구쌤은 누리국 아이들이 남긴 구매 후기를 읽었다. 다른 사업체도 마찬가지겠지만 지훈이와 가윤이, 민혁이에게는 추리왕 코단 랜덤 박스의 구매 후기가 제일 먼저 귀에 들어왔다.

고객들의 칭찬이 가득 담긴 후기에 지훈이는 떨 듯이 기뻤다. 혹여 실망할까 봐 걱정을 많이 했는데 좋았다는 후기들이 가득해

서 뿌듯하고 보람찼다. 지훈이뿐만 아니라 가윤이와 민혁이도 매우 만족스러워했다.

'이 맛에 사업 하는구나!'

다른 나라 친구들의 언박싱 영상부터 사진, 고객 후기까지 모두 살펴본 뒤, 달구쌤은 아이들에게 마지막 숙제를 내 주었다.

"이제 해야 할 일이 딱 하나 남았지. 그게 뭘까?"

"계산이요!"

"정산이요!"

"맞아! 쌤이 늘 말하지만 세상에 공짜 점심은 없단다. 마음에 드는 물건을 구입했으니 이제는 정산을 해야겠지?"

철수가 의자를 책상으로 바짝 당겨 앉으며 말했다.

"정산한 뒤 돈을 택배로 보내나요?"

"잇다로 환전해서 보내야 하는 거죠?"

아이들의 질문을 들으며 달구쌤은 알쏭달쏭 미소를 지었다.

"흠, 돈을 택배로 보낼 수도 있겠지. 하지만 잇다로 환전한 뒤 그 나라로 돈을 보내는 건 너무 비효율적이지 않니? 그래서 쌤들이 그보다 편한 방법을 마련했단다. 너희는 그냥 환타국 은행에서 캔으로 결제하면 돼."

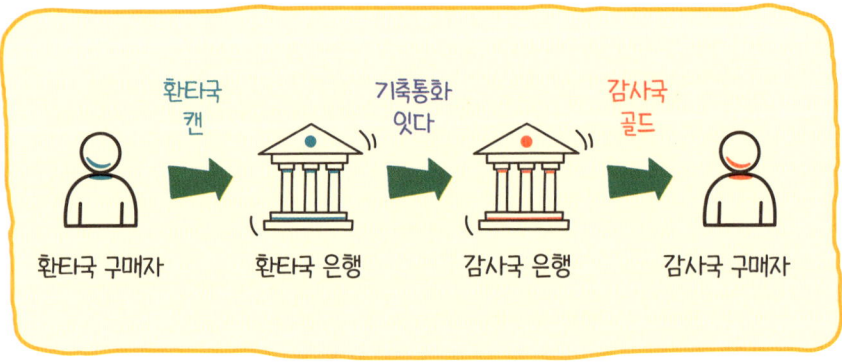

태희가 눈을 휘둥그렇게 뜨고 말했다.

"환타국 은행에서 캔으로요? 환타국 은행에서 물건을 산 것도 아닌데요?"

"환타국 은행에서 캔으로 결제하면, 환타국 은행은 그 돈을 모아서 잇다로 환전한 뒤 다른 나라 은행으로 보낼 거야. 그러면 다른 나라 은행은 잇다를 그 나라의 돈으로 바꿔서 수입업체에 지급할 거야."

"그러면 우리가 판 것도 환타국 은행에서 받으면 되나요?"

"하나를 가르쳐 주니까 바로 두 개를 깨달았구나! 맞아, 다른 나라에서 환타국으로 잇다를 보내면 환타국 은행은 캔으로 환전해서 환타국 사업체에 지급할 거야."

달구쌤의 설명이 끝나자 상품을 구입했던 아이들은 환타국 은행으로 가서 최종 정산을 했다. 민혁이와 가윤이 역시 자신들이 구입한 금액만큼 환타국 은행에서 정산했다.

상품 구입비에 대한 정산을 끝낸 세 사람은 모여서 추리왕 코단 랜덤 박스의 손익을 계산했다.

"돈을 얼마나 벌었지?"

"무역 협상 전 300잇다일 때 15개 팔아서 4,500잇다 벌었고,

무역 협상 후 375잇다로 오르고 5개 팔아서 1,875잇다 벌었으니까…… 총 6,375잇다 벌었네!"

"캔으로 환전하면 얼마지? 비용을 빼면 1인당 얼마나 받아?"

"내가 한번 계산해 볼게! 환율이 '1잇다=1.6캔'이니까……."

민혁이는 연습장을 꺼내 추리왕 코단 랜덤 박스의 손익을 계산했다. 지훈이와 가윤이도 민혁이 옆에서 계산을 도왔다.

"재료를 사느라 받은 사업 지원금 5,000캔은 쌤께 돌려드려야 해."

"매출액 10,200캔에서 생산 비용 5,000캔을 빼면 5,200캔이 남네. 이걸 3으로 나누면 1인당 1,733캔 정도 되겠다. 아, 가윤이에게는 더 주기로 했지? 그러면 가윤이는 1,800캔, 너랑 나랑은 1,700캔씩 가져가자."

추리왕 코단 랜덤 박스의 손익계산서		
잇다 표시 매출 (환율 협상 전)	잇다 표시 매출 (환율 협상 후)	캔 표시 매출 (환율 협상 후)
300잇다×15개 =4,500잇다	375잇다×5개 =1,875잇다	6,375잇다×1.6 =10,200캔
매출액	비용(사업 지원금)	이윤(매출액−비용)
10,200캔	5,000캔	5,200캔

민혁이가 재빨리 세 명이 나눠서 가져갈 금액을 적었다.

"정산 다했다! 야호, 신난다. 빨리 은행 가서 돈 받아야지!"

"민혁아, 너는 쌤 말씀 좀 들어라. 쌤이 다른 나라에서 환타국 은행으로 돈을 보내 줘야 받을 수 있다고 하셨잖아. 그러니까 지금 당장은 못 받는다고!"

가윤이와 민혁이가 또 싸우는 건 아닌가 싶은 마음에 지훈이가 냉큼 중재하고 나섰다.

"다른 나라도 우리처럼 오늘 정산하고 있을 테니까 내일이나 모레 정도면 받을 수 있을 거야."

"김민혁, 넌 나한테 빌려 간 돈 갚는 거 잊지 마!"

태희가 민혁이를 빤히 쳐다보며 다그치듯 말했다.

"어…… 그럼, 당연하지! 내가 돈 받으면 제일 먼저 네 돈 갚을게. 약속, 약속!"

민혁이는 멋쩍은지 뒷머리를 긁적거리며 웃었다.

새로운 도전, 콘텐츠 마켓

다음 날, 아침부터 달구쌤이 환하게 싱글벙글 웃고 있었다.

"얘들아, 좋은 소식이 두 개 있단다."

"두 개나요?"

"뭔데요?"

"우선 다른 나라로부터 무역 대금이 모두 들어왔어. 물론 우리도 다른 나라에 대금을 모두 보냈단다."

철수가 재빨리 손을 들고 말했다.

"그러면 은행에서 우리가 번 돈을 오늘 찾을 수 있겠네요?"

"그래. 쉬는 시간에 은행에 가서 무역 대금을 정산받으면 돼."

민혁이가 휘파람을 불며 환호했다.

"아싸, 신난다!"

무역 대금이 입금되었다는 소식을 들은 지훈이는 그제야 금교잇 활동이 끝났다는 게 실감났다. 물론 번 돈을 받는다는 것도 좋았지만, 지난번과 달리 이번 사업은 성공했다는 사실에 자부심마저 들었다. 가윤이, 민혁이와 함께 성공해서 기뻤고, 처음 두 사람을 동업자로 선택했을 때 상상했던 결과와 비슷해서 뿌듯했다.

"쌤, 아까 좋은 소식이 두 개라고 하셨잖아요. 나머지 하나는 뭐예요?"

"아! 깜빡할 뻔했네. 다른 소식은 추리왕 코단 랜덤 박스 팀과 관련 있지."

달구쌤의 말에 친구들이 고개를 돌려 지훈이와 가윤이, 민혁이를 쳐다봤다. 철수는 놀라서 눈만 동그랗게 뜬 채 꼼짝 않고 있는 지훈이를 보며 말했다.

"당황하지 마. 쌤이 좋은 소식이라고 했잖아."

"다름 아니라 금교잇 활동을 함께 운영하는 쌤들끼리 어제 저녁에 무역 활동 평가회를 가졌거든. 거기서 환타국의 추리왕 코단 랜덤 박스 팀에 대한 칭찬이 아주 많이 나왔단다. 고객 후기를 보면 만족도가 매우 높더라고. 다른 나라 친구들도 방탈출 게임이 너무 재미있고, 아이디어가 좋아서 자기들도 만들어 보고 싶다고도 했대."

"오~!"

아이들은 일제히 지훈이와 가윤이, 민혁이를 바라보며 환호성을 질렀다. 세 사람은 부끄러운 듯 옅은 미소를 지었다.

"그래서 쌤들이 의견을 모은 결과, 새로운 활동을 해 볼까 해. 이름하여 '**콘텐츠** 마켓'!"

"콘텐츠 마켓이요?"

"콘텐츠 마켓은 콘텐츠를 사고파는 무역 활동이야. 추리왕 코단 랜덤 박스 팀의 방탈출 게임처럼 직접 만질 수 없지만 우리에게 즐거움과 행복감을 주는 콘텐츠를 만들어서 사고파는 거지."

"쌤, 웹툰은 콘텐츠인가요?"

"영화나 게임은요?"

달구쌤은 밀려드는 아이들의 질문에 꼼꼼하게 대답했다.

"웹툰, 영화, 게임 모두 콘텐츠가 맞아. 퀴즈나 온라인 게임을 만들어서 친구들에게 제공할 수 있고, 다양한 영상을 만들어서 보

여 줄 수도 있어. 물론 웹툰을 그려서 서비스하는 것도 가능해."

"그러면 돈은 어떻게 벌어요?"

"온라인 게임 같은 서비스는 입장권을 구입한 친구들에게 따로 링크를 보내 주는 방법으로 돈을 벌 수 있을 거야. 영상이나 웹툰은 링크를 보낼 수도 있고, '좋아요'나 '구독자' 수에 따라 돈을 벌 수도 있겠지. 유튜브처럼 말이야."

"유튜브처럼요? 그럼 진짜 크리에이터처럼 돈을 버는 거네요!"

추리왕 코단 랜덤 박스 팀이 씨앗이 되어 콘텐츠 마켓이라는 새로운 싹을 틔웠다는 사실에 지훈이와 가윤이, 민혁이는 강한 자부심을 느꼈다. 동시에 콘텐츠 마켓에 어떤 아이디어를 선보일지 상상하는 것만으로도 설레고 두근두근 했다.

달구쌤은 아이들의 상기된 얼굴과 초롱초롱한 눈빛을 바라보며 말했다.

"이제 콘텐츠 마켓 활동을 위한 준비를 시작하자!"

Next Step, 콘텐츠 마켓

금교잇 무역 주간이 끝나고 한숨 돌렸나요? 그럼 이제 새로운 글로벌 마켓을 위한 사업계획서를 쓸 시간입니다! 이번 글로벌 마켓의 주제는 바로 '콘텐츠'입니다.

사실 새로운 마켓의 주제로 어떤 걸 할까 고민을 많이 했어요. 그러다 딱, 떠올랐죠. 금교잇 무역 주간에는 주로 상품을 만들어 판매하다 보니 상상력을 발휘하는 데 한계가 있었다는 사실을요! 그래서 이번엔 한계를 뛰어넘는 글로벌 마켓을 만들고 싶었습니다.

상상력, 공간, 시간과 거리 등을 뛰어넘는 글로벌 마켓! 학생들이 직접 창작물의 기획부터 제작, 판매를 아우르는 경제 활동을 하면서 유형의 상품뿐 아니라 무형의 상품에 대해서도 더 잘 이해하게 되는 마켓! 그렇게 콘텐츠 마켓이 탄생했습니다.

동영상, 영화, 드라마, 애니메이션, 게임, 웹툰, 음악 등의 콘텐츠는 생산과 관련된 경계나 한계가 매우 낮습니다. 스마트폰 하나로 다양한 콘텐츠를 생산하고 즐길 수 있어요. 그래서 창의력과 아이디어가 더 빛을 발하죠. 게다가 콘텐츠 제작 관련 소프트웨어나 앱 기능을 익히는 과정을 통해 새로운 기술에 익숙해질 기회도 얻게 됩니다.

다양한 콘텐츠를 만들다 보면 창작물에 있어 가장 중요한 개념인 저작권 역시 자연스럽게 배울 수 있습니다. 내가, 네가, 우리가 만든 창작물을 진심으로 존중할 때 양질의 콘텐츠 마켓이 건강하게 운영될 수 있거든요. 창작물에 대한 존중은 창작물 제작자에 대한 존중으로 이어지면서 저절로 세계시민의 기본 자질을 익히는 계기가 됩니다.

금교잇 활동은 초등학생들이 경제 활동을 통해 어려운 경제 용어 및 개념을 이해하는 게 1차 목표, 나와 내가 사는 공동체에 대한 이해와 존중을 배우는 게 2차 목표입니다. 그런 의미에서 콘텐츠 마켓은 글로벌 마켓보다 한층 더 깊게 타인과 공동체를 이해하는 기회가 될 거예요.

더 거대하고 재미난
콘텐츠 마켓 속으로

길다면 길고 짧다면 짧은 금교잇 무역 주간이 끝났습니다. 그 사이 여러분은 수입과 수출, 환율, 화폐 가치라는 경제 용어에 익숙해졌고, 무역 분쟁과 무역 협상을 통해 문제를 해결하는 방법도 익혔습니다.

환타국 친구들은 도깨비 상점에서 재화와 서비스를 사고파는 과정에서 익혔던 사업적 감각과 이해를 바탕으로 환타국의 경계를 넘어 감사국, 누리국 등 여러 나라들과의 교역을 이뤄 냈죠. 하지만 그 과정이 쉽지만은 않았어요. 매입과 매출, 비용만 고려하면 되었던 상황에서 수입과 수출, 환율과 화폐 가치까지 감안해야 하는 상황이 되었으니까요.

그래도 **시장이 바뀌면 동일한 재화와 서비스를 판매한다고 해도 판**

매 전략이 바뀌어야 한다는 점을 이해하게 되었어요. 사업계획서를 작성하면서 매출과 비용, 이윤을 예상했고, 환율을 고려하며 판매 가격을 정했으며, 화폐 가치가 변함에 따라 수출과 수입이 영향을 받는다는 점도 깨달았어요. 그것도 **온몸으로 경험**하면서 말이죠.

교실에서 책으로만, 머리로만 경제 용어들을 배웠다면 지금처럼 잘 이해할 수 있었을까요? 단언컨대, 아닐 거예요. 머리로만 아는 것과 직접 경험해서 아는 것은 하늘과 땅 차이니까요.

부디 여러분이 어른이 되어 본격적으로 경제 활동을 시작할 때 이 지식들이 유용한 자양분이 되길 바랍니다.

그러면 또 다른 마켓으로 다시 만나요!

그림 콩자반

톡톡 튀는 그림체로 생동감 있는 캐릭터를 만들어 아이들의 상상력을 자극합니다.
특히 어린이 경제 교육에 관심이 많아, 이를 재미있고 이해하기 쉽게 그려 내는 데
열정을 가지고 있습니다.

열두 살 실험경제반 아이들

초판 1쇄 발행 2024년 8월 6일
초판 3쇄 발행 2026년 2월 3일

지은이 김나영·천상희
그림 콩자반
발행인 강선영·조민정
펴낸곳 (주)앵글북스

주소 서울시 종로구 사직로8길 34 경희궁의 아침 3단지 오피스텔 407호
문의전화 02-6261-2015 **팩스** 02-6367-2020
메일 contact.anglebooks@gmail.com
ISBN 979-11-87512-95-0 73300

ⓒ 김나영, 천상희 2024

* 리틀에이는 (주)앵글북스의 아동·청소년 브랜드입니다.
* 이 도서는 저작권법에 의해 보호를 받는 저작물이므로 무단 전재와 복제를 금하며 책 내용의 전부 또는 일부를 사용하려면 반드시 저작권자와 (주)앵글북스의 서면 동의를 받아야 합니다.
  잘못된 책은 구입처에서 바꿔드립니다.